职业教育教学资源库配套系列教材
汽车营销与服务专业

汽车客户关系管理

主　编　孙　蕊

副主编　赵甘泉　贾梦妮　韦　峰

参　编　葛敦旭　梁新培　赵竹梅

主　审　杨宏进

北京理工大学出版社
BEIJING INSTITUTE OF TECHNOLOGY PRESS

版权专有 侵权必究

图书在版编目（CIP）数据

汽车客户关系管理 / 孙蕊主编. —北京：北京理工大学出版社，2018.10（2023.8重印）
ISBN 978-7-5682-5026-9

Ⅰ. ①汽… Ⅱ. ①孙… Ⅲ. ①汽车企业–销售管理–高等学校–教材 Ⅳ. ①F407.471.5

中国版本图书馆 CIP 数据核字（2017）第 309714 号

出版发行 / 北京理工大学出版社有限责任公司
社　　址 / 北京市海淀区中关村南大街 5 号
邮　　编 / 100081
电　　话 / （010）68914775（总编室）
　　　　　（010）82562903（教材售后服务热线）
　　　　　（010）68944723（其他图书服务热线）
网　　址 / http://www.bitpress.com.cn
经　　销 / 全国各地新华书店
印　　刷 / 廊坊市印艺阁数字科技有限公司
开　　本 / 787 毫米×1092 毫米　1/16
印　　张 / 14
字　　数 / 290 千字
版　　次 / 2018 年 10 月第 1 版　2023 年 8 月第 3 次印刷
总 定 价 / 42.00 元

责任编辑 / 王俊洁
文案编辑 / 王俊洁
责任校对 / 周瑞红
责任印制 / 李志强

图书出现印装质量问题，请拨打售后服务热线，本社负责调换

前　言

随着汽车行业的发展,"以消费者为核心"的销售理念已成为汽车行业的共识。汽车客户关系管理逐渐被汽车行业各领域所重视,不论是整车厂商、汽车经销商还是其他汽车服务领域,都在关注和探索如何更好地满足"消费者需求",搭建良好的客户关系,有效满足客户的潜在和现实需求,提升客户满意度,从而达到企业占领市场、满足企业生产经营的发展需要。

《汽车客户关系管理》是一本面向高等学校汽车技术服务与营销专业学生学习的专业核心课程,同时该教材以汽车经销商的实际工作场景为载体,有大量实务操作案例,能满足广大学习汽车技术服务与营销技能爱好者的需要。本教材从汽车客户关系管理即 CRM 的理论学习入手,通过任务引领,分析开展汽车客户关系管理的价值、意义及操作中的一些应用性知识、技巧,帮助读者在学习到理论知识的同时也能提高应用技能。

本教材共分为六个项目:认识汽车客户关系管理、管理汽车客户资源、汽车客户信息管理、提升客户满意度与忠诚度、购车客户回访与客户关怀、汽车客户关系危机管理。在编写中,每一项目下有两个任务,每个任务均以案例为切入点开展分析;为扩大读者对该问题认识的视角,每一任务下都有延伸阅读;为提升读者在学习中的能力和技能,每一项目都设有拓展训练与复习思考题。读者可以通过复习思考题来巩固所学知识,通过开放性的拓展训练,提升自己在处理实际工作问题过程中的能力;教师也可以通过拓展性训练及复习思考题来评估和检验学生学习的效果。

本教材是国家高等教育《汽车技术服务与营销》专业教学资源库的配套教材,通过教材可以实现线上与线下的教学互动与行业延伸,打开课堂教学与课后学习的通道,达到大量丰富教学资源通过网络信息化得以共享的目的。同时教材将理论知识学习与技能提升紧密结合起来,既可以满足在校学生学习提高技能的要求,全面培养综合素质,又可以满足社会人士提升客户关系理论素养的要求。

本书由承担国家高等教育《汽车技术服务与营销》专业教学资源库《汽车客户关系管理》项目的团队负责编写。第一、二、五项目由孙蕊老师负责编写；第三项目由赵甘泉老师负责编写；第四项目由贾梦妮老师负责编写；第六项目由韦峰老师负责编写；全书二维码的相关工作由葛敦旭老师负责，梁新培和赵竹梅老师给予了材料资源的支持。全书由杨宏进老师审稿。

本书通过百度文库等网络平台参考了大量国内外技术资料、相关著作、文献图片资料，大部分资料来源在教材后的参考文献已做了说明和致谢，但若有遗漏，在此一并向相关资料原作者、原所有权人表示诚挚的谢意！

本书在编写及资源库建设过程中得到了云南恺悌汽车经销公司的大力支持，在此表示诚挚感谢！

编　者

2017 年 10 月

二维码内容资源获取说明

Step1：扫描下方二维码，下载安装"微知库"APP；

Step2：打开"微知库"APP，点击页面中的"汽车营销与服务"专业。

Step3：点击"课程中心"选择相应课程。

Step4：点击"报名"图标，随后图标会变成"学习"，点击学习即可使用"微知库"APP进行学习。

PS：下载"微知库"APP并注册登录后，直接使用APP中"扫一扫"功能，扫描本书中二维码，也可直接观看相关知识点视频。

安卓客户端

IOS 客户端

目 录

项目一 认识汽车客户关系管理 001
　　任务 1-1　了解汽车客户关系管理基础知识 002
　　任务 1-2　客户关系管理在汽车企业中的运用 009

项目二 管理汽车客户资源 019
　　任务 2-1　了解汽车客户价值管理基础知识 020
　　任务 2-2　掌握汽车客户生命周期各阶段操作技能 030

项目三 汽车客户信息管理 041
　　任务 3-1　了解汽车客户信息管理基础知识 042
　　任务 3-2　汽车客户信息的分析与运用 052

项目四 提升客户满意度与忠诚度 059
　　任务 4-1　提升客户满意度 060
　　任务 4-2　培养客户忠诚度 068

项目五 购车客户回访与客户关怀 079
　　任务 5-1　新车购车客户回访 080
　　任务 5-2　客户关怀 093

项目六 汽车客户关系危机管理 109
　　任务 6-1　学习沟通的技巧 110
　　任务 6-2　处理汽车客户关系危机 124

参考文献 143

项目一

认识汽车客户关系管理

随着汽车行业在中国的不断发展，以产品为中心的理念逐渐被以服务为核心的理念取代，客户关系管理逐渐成为汽车行业日益关注的问题。如何搭建客户关系管理平台，获取、收集客户信息，了解客户需求，发现并满足客户需求，提高客户满意度，培养忠诚度，开展系列客户回访、关怀活动，有效处理客户危机，从而更有效地获取、保持和增加现有客户和潜在客户的份额，这些都是人们关注的问题。本项目通过汽车客户关系管理介绍，让大家了解和认识汽车客户关系管理及运用的核心思想。

任务 1-1　了解汽车客户关系管理基础知识

 任务引入

陈东大学毕业后，应聘到 GQ 汽车销售服务公司担任销售顾问。陈东平时就很注意观察各种车型，GQ 公司所销售的车辆恰好是他所喜欢和熟知的。上班第一天，他信心满满地准备展示一下自己的长处。刚进店里，经理就给了陈东一个任务，让他认真梳理近期到店看车客户留下的各种信息资料，建成信息档案。陈东很纳闷，为什么不让自己直接跟汽车销售打交道，反而让自己管理信息档案，这可不是他的长处啊？如果你是陈东，你会怎样理解经理的安排？该怎样来完成经理交给你的任务呢？

资源1-1　引入动画

 任务分析

汽车行业经历了以产品、市场为中心的发展历程，现在，以客户为中心的理念已成为企业发展的核心理念。所以，加强与客户的沟通、联系，提高客户满意度，维护好客户关系对企业发展至关重要。在本任务中，新入职的陈东不是直接进入汽车销售，而是先梳理客户信息，熟悉客户信息管理，这对培养员工正确认识客户关系管理的重要性非常必要。

 学习目标

知识能力	专业能力	社会能力
1. 懂得客户关系管理的基础知识 2. 了解客户关系管理的产生和发展过程 3. 掌握客户关系管理的重要性和必要性	1. 具备客户中心意识，能识别潜在客户和重要客户 2. 懂得按不同标准对客户进行细分的基本技能 3. 具备维护好客户关系的能力	1. 树立服务意识、规范意识 2. 强化人际沟通能力，具备维护客户关系的能力 3. 具备维护组织目标实现的大局意识和团队意识

相关知识

一、客户关系管理的基本知识

（一）客户关系管理的概念及发展

客户关系管理，英文简写为 CRM（Customer Relationship Management），是一种以"客户关系一对一理论"为基础，旨在改善企业与客户之间关系的新型管理机制。客户关系管理其实是商业模式的一种回归，是"以客户为中心"的古老的营销理念在现代技术条件下的一种充分实现。

资源 1-2　课件　　资源 1-3　微课

客户关系管理首先是一种管理理念，其核心思想是将企业的客户作为最重要的企业资源，通过对人力资源、业务流程与专业技术的有效整合，以完美的客户服务和深入的客户分析来满足客户的需求，使企业以更低成本、更高效率来满足客户需求，最大限度地提高客户满意度及忠诚度，挽回失去的客户，保留现有的客户，不断发展新的客户，发掘并掌握有价值的客户群。客户关系管理系统具有易用性、先进性、稳定性、安全性和实用性的特点，如图 1-1-1 所示。

最早发展客户关系管理的国家是美国，这个概念最初是由 Gartner Group 提出的。20 世纪 80 年代开始出现"接触管理"（contact management），公司专门收集客户与公司联系的所有信息，尽可能全面地了解客户的各种资料和动态；90 年代初出现呼叫中心（customer care）；随后出现了销售能力自动化，它包括销售线索管理、目标客户识别、销售机会培育与挖掘、销售机会跟踪、订单执行等，它伴随着互联网和电子商务的大潮得到了迅速发展。

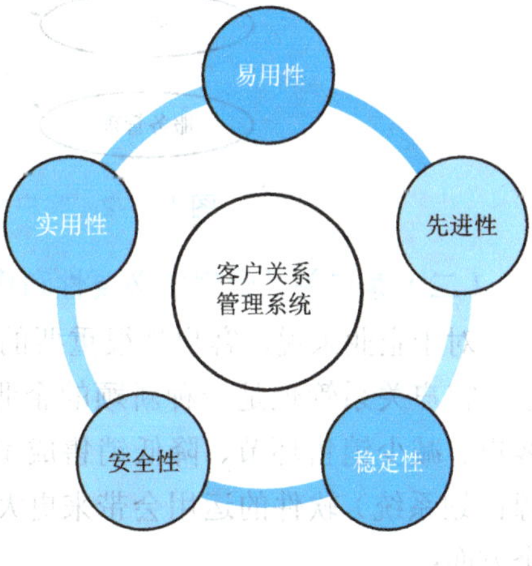

不同的学者或商业机构对 CRM 的概念有不同的看法。

图 1-1-1　客户关系管理系统的特点

这个概念的原创者认为，CRM 是一种商业策略，它按照客户的分类情况有效地组织企业资源，培养以客户为中心的经营行为，实施以客户为中心的业务流程，并以此为手段来提高企业的盈利能力、利润以及客户满意度。

IBM（国际商业机器公司）公司认为，CRM 通过提高产品性能、增强顾客服务、提高顾客交付价值和顾客满意度、与客户建立起长期、稳定、相互信任的密切关系，从而为企业吸引新客户、维系老客户，提高企业的效益和竞争优势。

SAP（德国软件公司）公司：CRM 系统的核心是对客户数据的管理。客户数据库是企业重要的数据中心,记录企业在市场营销与销售过程中和客户发生的各种交互行为,以及各类有关活动的状态,提供各类数据模型,为后期的分析和决策提供支持。

在总结以上经典的 CRM 概念的基础上,我们从销售理念、业务流程和技术支持三个层次可将 CRM 定义为:CRM 是现代信息技术、经营思想的结合体,它以信息技术为手段,通过对以客户为中心的业务流程的重要组合和设计,形成一个自动化的解决方案,以提高客户的忠诚度,最终实现业务操作效益的提高和利润的增长。以客户为中心是 CRM 的核心所在。CRM 通过满足客户个性化的需要、提高客户忠诚度,达到缩短销售周期、降低销售成本、增加收入、拓展市场、全面提升企业盈利能力和竞争能力的目的。任何企业实施客户关系管理的初衷都是为顾客创造更多的价值,即实现顾客与企业的"双赢"。

CRM 系统主要包含传统 CRM 系统和在线 CRM 系统。客户关系管理涵盖商品和客户的系列管理,如图 1-1-2 所示。

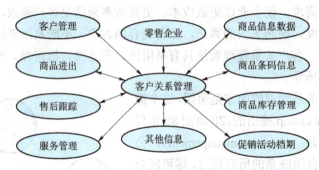

图 1-1-2　客户关系管理涵盖商品和客户的系列管理

(二)客户关系管理的必要性和作用

对于企业来说,客户是很重要的一部分资源,因此,很有必要对客户进行相应的管理。客户关系管理是一种新颖的企业战略和管理手段,客户关系管理在开拓市场、吸引客户、减少销售环节、降低销售成本、提高企业运行效率等方面比单纯的 ERP(企业资源计划系统)软件的运用会带来更大的效益。客户关系管理系统的作用具体表现在以下各个方面:

1. 开拓市场

企业通过电话、传真和互联网等多种工具与客户进行频繁的沟通,扩大了销售活动的范围,增加了与客户往来的信息,掌握了市场的最新动态,把握了竞争的最好时机。

2. 吸引客户

由于客户与企业有较多的渠道进行交流,企业联系客户方便,对客户的服务和支持加强,使客户满意度提高,从而吸引住了客户。

3. 减少销售环节

由于与客户交往的企业任何员工均能通过系统所给出的从四面八方所汇集来的客户信息，全面地了解客户的情况，同时也可以将自己得到的客户信息添加进系统，这样会使销售渠道更为畅通，信息的中间传递环节减少，销售环节也相应地减少。

4. 降低销售成本

由于销售环节的减少，必然会造成销售费用的下降，销售成本也就跟着降低了。

5. 提高企业运行效率

由于企业通过客户关系管理的信息，对销售产品、销售数量、销售成本、市场风险、客户变化等多方面进行了多维分析和销售绩效分析，企业在经营过程中的运行效率也就相应地提高了。

正因为客户关系管理具有如此重要的作用，所以越来越多的企业管理层开始认识并关注客户关系管理系统对于自己企业管理的意义。

二、细分客户市场是客户关系管理的前提

选择正确的客户关系管理渠道，其前提是对客户进行精准的细分。一般来说，可以根据以下四个方面来进行细分：

（一）按消费者特性进行细分

资源1-4　课件

如按客户的性别、年龄、收入、兴趣爱好、消费习惯、个性、观念、兴趣、态度、价值观、支付习惯、大众传播媒体偏好、作息时间等进行细分。企业只有全面了解客户的信息，才能根据企业内部详细的标准对用户进行细分，这样才能根据具体的用户需求做出符合用户要求的精准的客户营销方案，才能与用户进行充分的互动。

资源1-5　微课

（二）按车型进行细分

按车型细分是4S店客户分类管理中最普遍也是最好用的一种细分方法，比如福特汽车公司旗下的福特有蒙迪欧、福克斯、新世代全顺、探险者、嘉年华、福特F-150、MUSTANG等车型。如果按照车型分类，可相对集中用户的具体特性，便于针对具体车型的车主进行营销活动。

（三）按车主居住地位置进行细分

在一个中心城市，汽车4S店的布局至少要考虑5～10公里的公路圈。客户购买车辆不一定就近，但维修车辆一定会考虑就近维修。一方面，省时省力；另一方面，也可以降低用车成本和行车风险。这样，维护好就近公路圈的客户就显得尤为重要。将客户按所属区域进行细分，并按区块进行服务营销会事半功倍。

（四）按车辆购买时间进行分类

车辆一般行驶3 000～5 000 km可以免费保养，行驶2年或6万公里是质量担保期，在这期间，车辆属基本维修保养时间。现在的新车更新换代特别快，价格也下降得非常明显，所以客户在3～5年内考虑换车的可能性非常大，车辆流入二手车市场后进入维修厂的可能

性较大。所以,按购买时间进行分类,可以准确地把握车子的生命周期,并针对具体时间段与客户采用不同的互动方式。

针对不同细分的客户市场,选择不同的客户管理方式,才能有效进行客户关系管理。

三、客户满意度是影响客户关系的重要因素

市场营销学大师菲利普·科特勒在研究中,按客户关系的不同水平和程度,将客户关系分为以下5种,如表1-1-1所示。

表1-1-1 客户关系的类型

类型	特征描述
基本型	销售人员把产品销售出去后就不再与客户接触
被动型	销售人员把产品销售出去,同意或鼓励客户在遇到问题或有意见时联系企业
负责型	产品销售完成后,企业及时联系客户,询问产品是否符合客户的要求、有何缺陷或不足、有何意见和建议,以帮助企业不断改进,使之更加符合客户需求
能动型	销售完成后,企业不断联系客户,提供有关改进产品的建议和新产品的信息
伙伴型	企业不断地协同客户努力,帮助客户解决问题,支持客户获得成功,实现共同发展

从表1-1-1可以看出,客户关系的紧密程度是由企业和客户双方构建的,但企业承担着主要的联系作用。客户关系的全部要点就是发展和留住客户,让客户满意是发展和留住客户的重要手段。

所谓客户满意度,是一种感觉状态的水平,是绩效与期望差异的比较。对满意度的认识也有一个发展,Richard 等人提出的综合性的 CS 模型认为:客户满意感产生于他所获得的产品和服务的品质与预期和愿望的综合比较,客户满意感并不局限于产品和服务,还与客户事先获得的信息有关,如图1-1-3所示。

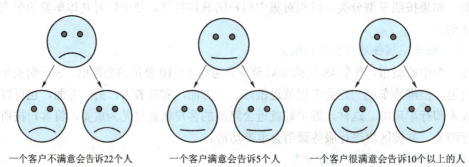

一个客户不满意会告诉22个人　　一个客户满意会告诉5个人　　一个客户很满意会告诉10个以上的人

图1-1-3 客户满意与拓展客户关系

四、加强客户服务，提升客户满意度的步骤措施

客户满意的关键因素是客户需求的满足，没有对客户信息的一定积累和分析，就无法让客户满意。因此，加强客户服务，提升客户满意度要建立在收集和管理客户信息的基础上，通过分析信息，根据客户需求、偏好和期望，满足客户需求，才能进一步有效提升客户满意度。在提升客户服务的过程中，可以通过以下步骤完成：

（一）营造气氛

通过外在氛围的营造，寻求一个良好的沟通环境。一个微笑、一声问候都能为良好的沟通打下基础。

（二）发现问题

在与客户沟通的过程中，一定要积极发现双方在服务工作中存在的问题和矛盾，积极采取相应措施加以协调解决。

（三）诊断问题

发现问题后，深入分析诊断产生问题的原因，找到症结。

（四）寻求方案

在找到原因的基础上，积极寻求解决的思路和办法，并提出解决的方案。

（五）达成一致

积极与客户进行协商，寻找双方都能共同接受的处理意见，化解问题，求同存异，达成一致，最终顺利解决问题。

（六）积极办理

问题解决之后，积极为客户办理相关问题。

总之，客户满意是汽车行业战胜竞争对手的最好手段，是客户关系管理的核心内容，是企业取得长期成功的必要条件。客户满意是客户忠诚的前提条件，忠诚客户的重复购买，能给企业带来巨大的利润。

五、客户关系管理包括接入管理、关系管理、流程管理

（一）接入管理

接入管理主要是用来管理客户和企业进行相互交流合作的方式。

（二）关系管理

关系管理代表着那些能够便于真正理解客户行为、期望、需要、历史和与企业全面关系的 CRM 功能。

资源1-6 课件　　资源1-7 微课

（三）流程管理

流程管理代表着与销售、服务、支持和市场相关的业务流程自动化。流程解决方案围绕着高度可配置的流程解决问题，提供应用集成，通常由第一线的销售、服务、市场以及相关的管理人员来使用。如图 1-1-4 所示。

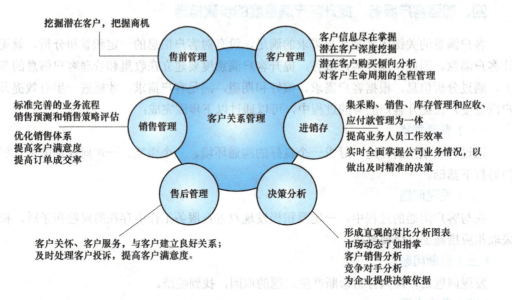

图 1-1-4 流程管理

资源 1-8 从产品销售和企业管理看 CRM 的应用

资源 1-9 大数据在 CRM 中的运用及两者关系

拓展训练

　　王天一已经在 DF 汽车销售服务公司担任销售顾问三年了,有很多老客户。忽然有一天,他发现自己的一些老客户已经好久没有联系了,如果您是王天一,您将如何处理?

　　1. 请结合客户关系管理在汽车行业中的意义,思考如何才能留住客户并维护好客户关系?

　　2. 小组对如何管理好有流失倾向的客户进行讨论,并将结果上传到资源库平台。

任务 1-2 客户关系管理在汽车企业中的运用

任务引入

张兰在 DQ 汽车销售公司好多年了,对客户管理很有体会。一天,公司迎来了一个特殊的人物——总经理。他要求大家现场演示 CRM 在公司运营中的情况。张兰作为客户服务主管,要先进行演示。

资源 1-10 引入动画

任务分析

CRM 最早应用在银行业,逐渐向电信业、航空业、证券业等渗透,现在汽车行业也开始应用,但在实际工作中,不是每一个企业都能较好地运用 CRM,如何在企业中充分发挥 CRM 的作用。值得从管理层到员工高度重视和学习。在企业中运用 CRM,不仅仅是懂得操作流程,也不仅仅是一套软件的使用,更是企业管理的规范,涉及企业的运营战略、业务流程、企业文化。在本任务中,张兰是客户服务主管,更需要从管理到实际操作对 CRM 有清晰的认识和熟练的使用。

学习目标

知识能力	专业能力	社会能力
1. 了解 CRM 的基础知识、流程 2. 掌握在企业中如何运用 CRM	1. 具备"客户中心"意识,能运用 CRM 进行客户信息的基本管理 2. 在实践操作中,不仅能从技术层面运用好 CRM 系统,更要具备相应的管理理念 3. 具备维护好客户关系的能力	1. 树立服务意识、规范意识 2. 强化人际沟通能力,具备维护客户关系的能力 3. 具备维护组织目标实现的大局意识和团队意识

> 相关知识

一、认识汽车行业客户关系管理的流程和内容

客户关系管理首先是一种管理理念，又是一种旨在改善企业与客户之间关系的新型管理机制，它实施于企业的市场营销、服务与技术支持等与客户相关的领域。

资源 1-11　课件　　资源 1-12　微课

（一）主要内容

（1）如何建立客户关系，包括三个环节：对客户的认识、对客户的选择、对客户的开发。

（2）如何维护客户关系，包括五个环节：对客户信息的掌握、对客户的分级、与客户进行互动与沟通、对客户进行满意度分析、想办法提高客户忠诚度。

（3）在客户关系破裂的情况下，应该如何恢复客户关系，如何挽回已流失的客户。

（4）如何建设、应用 CRM 软件系统，如何应用呼叫中心、数据仓库、商务智能、互联网、电子商务、移动设备、无线设备等现代技术工具来辅助完成 CRM。

（5）如何进行基于 CRM 理念下的销售、营销，以及客户服务与支持的业务流程重组，如何实现 CRM 与其他信息化技术手段的协同与整合。

（二）流程

在汽车企业，CRM 主要涉及客户开发、客户维系、客户满意度调研、客户投诉处理、客户忠诚度提升等内容。实施 CRM 可以为汽车企业带来以下效益：

1. 降低经营成本

据研究，企业 80% 的利润来自 20% 的客户，而这 20% 的客户大部分是老客户，同时开发新客户的费用成本是维护老客户成本的 6～8 倍。所以，实施 CRM 可以降低企业经营成本。

2. 改善服务

通过向客户提供主动关心、专业化的服务，能够较好地改善服务。

3. 提高效益

借助 CRM 平台，客户一次"点击"即可完成多项业务。

4. 扩大销售

CRM 能使销售准确率和客户成功率增加，客户的满意度提高，扩大销售。

5. 口碑效应

一个满意客户可以带来 3～5 个顾客，不满意顾客会影响 25 个人的购买意愿。CRM 其实是企业以最小的成本做最有效的广告。

6. 提高反应速度

借助 CRM 平台，可以针对客户的市场反馈快速进行反应，提高企业的应对速度。

汽车行业客户关系管理的流程如图 1-2-1 所示：

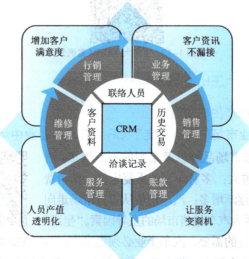

图 1-2-1　汽车行业客户关系管理的流程

二、汽车行业 CRM 的应用

目前在中国的汽车行业，应用 CRM 主要有三个方面：

（一）提升客户满意度、品牌忠诚度
（1）实现企业与经销商的客户信息统一管理，使信息得到有效利用；
（2）通过开展系统的客户回访、关怀活动，提升客户满意度；
（3）通过开展提醒服务、预约服务、客户俱乐部等增值服务，提高客户忠诚度。

（二）提高经销商运营管理的能力
（1）规范经销商的销售过程管理，提高销售成功率；
（2）持续和客户保持有效的沟通，实现经销商、客户利益的最大化；
（3）提高经销商的分析能力，准确了解客户的需求，提高销售预测的准确性，降低销售成本；
（4）规范经销商对销售顾问的管理，提高一线销售顾问工作的积极性。

（三）提升终端销售量
（1）通过 CRM，不断增强品牌知名度，提高客户的推荐率；
（2）准确把握客户的购车意向，提高成交率；
（3）通过充分实施销售线索分析管理，增加终端销量。

大众公司的 CRM 运用。

资源 1-13　上海大众 CRM 案例分析

三、汽车企业 CRM 产生的动因及现状

（一）汽车企业 CRM 产生的动因

1. 当前中国汽车企业市场的特点决定了 CRM 在汽车企业中运用的必然性

随着中国目前的汽车市场品牌以及车型的不断增多，消费者可选择的余地越来越大；多种车型的重复定位，使消费者购买汽车的随机性也在逐渐增多；汽车销售从卖方市场走向买方市场，消费者的需求成为汽车销售市场的主导因素。"坐商"已经远远不能满足汽车销售的需要，汽车企业必须走出去，主动与客户接触。用户的消费心理也逐渐成熟，用户的需求也越来越多样化，对产品、服务的要求越来越高、越来越严格，原有的代理销售体制已不能适应市场与用户的需求。各大汽车厂家发展品牌营销网络，建立三位一体的营销体系或 4S 专卖店。一般性经销商分散在属于 4S 专卖店之外的众多的二级、三级代理销售商之间，这样使汽车厂商为客户提供个性化的服务成为可能。

资源 1-14　课件　　资源 1-15　微课

2. 汽车行业原有的被动销售模式不适应市场发展

汽车行业原有的等待式销售模式已经远远不能符合快速发展的汽车市场需要，转变经营观念，变推销为营销，变被动等客为主动走商，充分接触目标客户已成为目前汽车行业的共识，要从等客户变成"养"客户。

（二）汽车企业运用 CRM 的现状和难题

随着汽车市场的变化，为了获取竞争优势，企业也要有保持快速响应环境变化的能力，采取先进的营销手段，CRM 正是这种先进营销策略的体现。据美国汽车行业统计数据表明：每位车主每隔 6 年就会买一部新车；每卖出 100 辆汽车，就有 65 辆是经销商的老客户买走的；开发一个新客户的成本是保留一个老客户的 6~8 倍；保留客户的比率增加 5%，企业获利就可能增加 25%。由此可见汽车企业运用 CRM 的必要性。在目前，从国内汽车行业来看，汽车企业整体实力强，员工素质和信息化基础也较其他行业好，但不同地区不同区域，各企业具体情况也不一样。汽车行业在实施 CRM 的过程中普遍会遇到一些难题：

1. 重视技术，忽视管理

CRM 首先是一种管理理念，如果企业过度重视技术，忽视自身业务流程的改进和优化，就会失去方向。

2. 没有明确的 CRM 目标

一个企业在确定实施 CRM 前，要明确"我要从 CRM 中获得什么"。企业需要切实了解它在满足众多客户的个性化需求时，应当具备哪些能力、CRM 要达到的具体目标有哪些，只有树立了明确的目标，企业才能客观地评价 CRM。

3. 数据准备不充分

企业为保证 CRM 的成功实施，要通过众多方面的数据进行及时准确的分析，支持企业进行营销和管理的决策。对于基础数据的准备和对数据重要性的认识仍然是 CRM 成功的必要因素之一。

4. 缺乏有效的组织保证

汽车行业虽然在 CRM 方面的投资大幅增长，但只是将现有的信息系统更新（整个流程保持不变）或者只是将现有的流程实现了自动化。实施新的功能改进后的 CRM 软件并不能保证客户体验的改善。

5. 缺乏相应的企业文化

在 CRM 的实施过程中，技术手段的实施与应用只是解决 CRM 实施的表面问题，企业文化的培养才能让最高行政总裁和普通员工都能把思维和行为习惯真正聚焦到客户身上。企业文化建设是一个漫长的系统过程，每个企业都有自己需要解决和面对的问题，从目前汽车行业的发展来看，还缺乏相应的企业文化支撑系统。

四、汽车企业实施 CRM 需要注意的问题

鉴于产品的特性、购买群体的特性、客户需求的特性以及销售渠道的特性，汽车企业实施 CRM 有其特别需要关注的环节。

资源 1—16　课件　　资源 1—17　微课

（一）客户生命周期

由于汽车的正常使用寿命一般都在 10 年以上，产品生命周期长的特点决定了客户生命周期会很长，客户给企业带来的累积价值也会可观。但对某个企业而言，客户生命周期长的前提是企业能很好地维系客户关系，提升客户满意度，使客户自愿成为忠实的"回头客"。否则，客户购完车后不在这个企业进行车辆保养维修，即使产品寿命周期再长，对该企业而言，客户生命周期也是极其短暂的，客户价值也只体现了极小的一部分。因此汽车企业如何通过实施 CRM 维系好客户关系，使客户终身价值得以实现极其重要。

（二）客户满意

对于国内大部分人而言，目前汽车还是一个奢侈品。汽车的购买者属于社会中收入相对较高的阶层，同时基于汽车产品本身的特殊性，在他们购买产品或服务时，其心理期望一般都比较高，这也对促进客户满意的工作提出了更高的要求。

（三）客户个性化需求、一对一营销模式的需要

现在绝大部分购车用户是个人用户，而其中绝大部分又是 20 世纪 70 年代后出生的中青年，他们极力彰显自我个性，汽车作为展现个性的一个重要载体，更是受到他们的青睐。

（四）营销渠道

汽车企业基本不直接与客户接触，销售和服务都是通过经销商来完成的，所以必须将经销商纳入汽车企业的经营范畴内，处于终端的经销商的 CRM 实施对整个企业 CRM 成败

起着至关重要的作用。

五、汽车企业实施 CRM 的工作

实施 CRM 是一种高风险、高回报的投资，而想要节省成功实施 CRM 的高额成本，CRM 实施的前期准备是必不可少的。

资源 1-18　课件　　资源 1-19　微课

（一）实施 CRM 的前期准备工作

1. 制定 CRM 目标

CRM 战略是指企业为了优化管理客户资源，进一步拓展市场而制定的由管理和技术相结合的长远规划和目标。实施 CRM，必须以客户导向来实现企业的组织结构、业务流程及技术层面上的综合转变，所以只有站在企业整体战略的高度来看待 CRM，才能真正提升自身的核心竞争力。

2. 制定 CRM 实施的阶段目标

（1）增加潜在购车客户数量；

（2）提升客户满意度；

（3）提高客户忠诚度；

（4）改善客户服务；

（5）提高成交率和增加销售收入；

（6）降低企业营运成本，提升企业净利润；

（7）全面提升企业形象；

（8）各部门决策时能使用统一的客户信息；

（9）提升流程效率。

在 CRM 实施的不同阶段，目标重点可能会有一定差异或偏向，应相应进行调整。

（二）选取适合企业的软件

目前，我国汽车企业的 CRM 解决方案主要有两种：一种是请第三方公司设计软件平台和负责 CRM 实施导入，比如上海通用；另一种是自己开发软件平台和实施导入，典型的代表是上海大众。

CRM 软件选型的步骤：

（1）初步确定多家适合的供应商。

（2）与确定的供应商进行充分的交流，然后对各供应商进行综合评价。

（3）结合企业自身的管理水平、资金情况、待解决业务问题、预期投入等决定最终的合作对象。

（三）CRM 的实施阶段

1. 拓展客户接触途径，为客户提供新的个性化的接触渠道

努力发展多种方式的客户沟通渠道，它是 CRM 获取数据的途径，也是企业实践 CRM 的最终体现形式。这些渠道包括 4S 销售展厅、呼叫中心、网络、传真、电话、信件、车展

等多种渠道，这样的客户交互服务系统既可以适应当前的市场实际情况，又可以达到削减成本的目的，还可以实现在为客户提供全方位服务的同时完成对客户的相关信息的收集、加工等目标。

2. 收集客户信息的完整性和一致性

客户信息分为三类：客户描述性信息、过程信息和交易信息

（1）客户描述性信息是指描述客户基本情况的信息，包括年龄、性别、民族、宗教、爱好、职业、地理位置、教育程度、是否结婚、家庭结构、收入，等等。

（2）过程信息是指企业在与客户接触的过程中所发生的典型事情的记录，从这些记录中我们可以回顾整个交易过程的情况。比如汽车在哪个维修站修理了哪些内容、更换了什么零部件，以及客户对产品或者是服务进行的投诉内容等均属于过程信息。

（3）客户交易信息是指描述企业与客户相互作用的所有数据，主要包括车辆购买信息和车辆售后信息。如果这类信息完整，那么，车辆状况如何、保养过几回等情况一定是一目了然的。

3. 客户信息管理

可借助平台软件对客户信息进行管理。如图 1-2-2～图 1-2-4 所示。

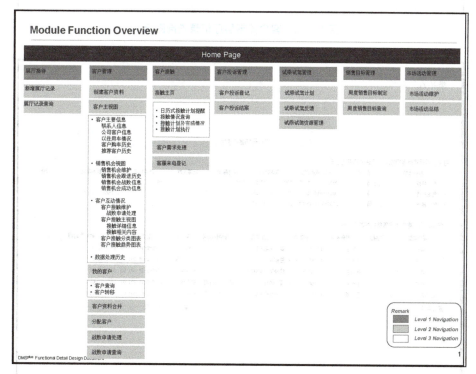

图 1-2-2　客户信息管理平台软件图示

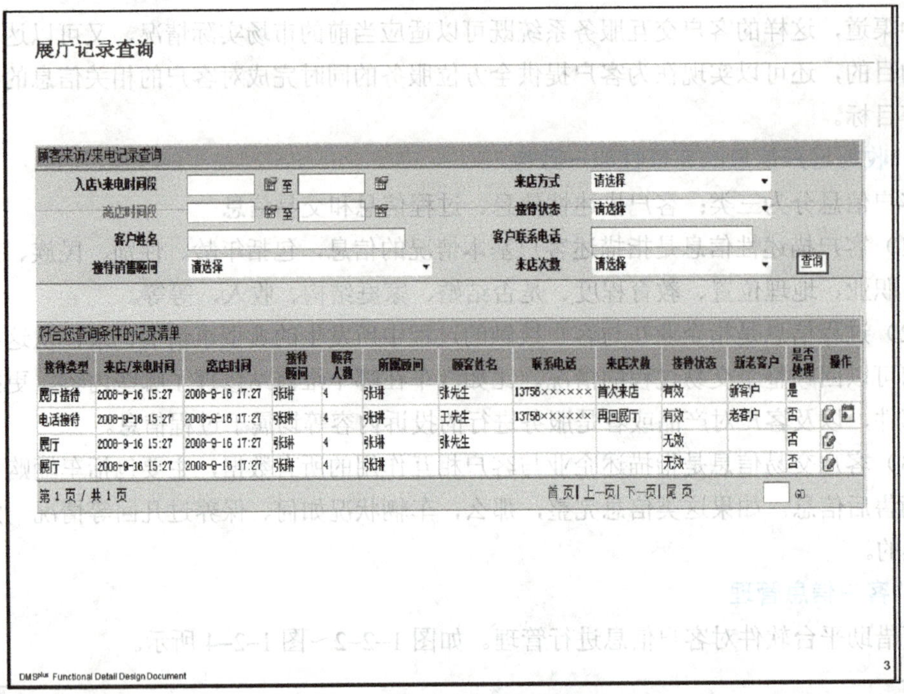

图 1-2-3　客户关系展厅记录查询图示

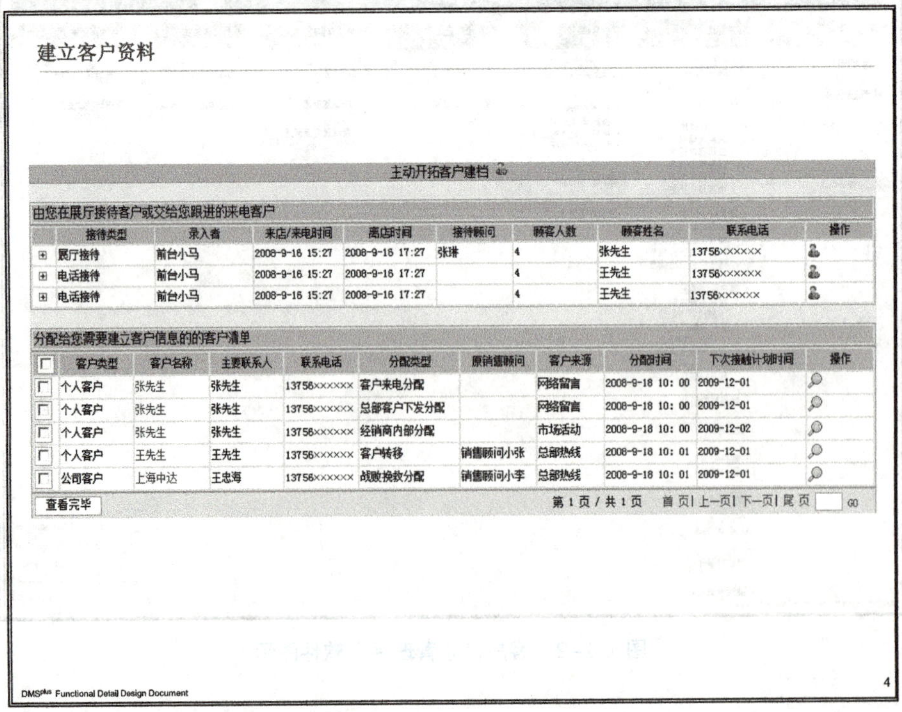

图 1-2-4　建立客户资料图示

4. 流程管理

1）销售流程

汽车企业销售流程主要包括订单流程、经销商核心销售流程和客户管理流程 3 个主要方面。

2）服务流程

德国大众有句众所周知的话："第一辆车是由销售人员卖出的，而其余的车则是通过优秀的服务卖出的。"这句话清楚地说明了销售、服务和配件部门之间合作的重要性，它表明专业的服务对长期车辆销售有重要意义。

3）关怀流程

客户关怀的目的是与所选客户建立长期和有效的业务关系，通过信息系统的辅助，支持并督导企业客户管理的行为，在与客户的每次接触过程中都更加接近客户、了解客户，最大限度地增加客户的亲切感，提升客户关怀质量。汽车企业的关怀流程分为售前、售中和售后三个阶段，包含三大类：潜在客户跟进关怀、成交客户回访关怀和用户抱怨处理流程。

六、汽车企业 CRM 实施中的关键环节

（1）企业各层面的重视和参与；

（2）业务流程再造；

（3）订单流程再造；

（4）经销商核心销售流程再造；

（5）客户关怀流程再造；

（6）服务流程再造。

CRM 应用蓝图如图 1-2-5 所示。

图 1-2-5　CRM 应用蓝图

延伸学习

资源 1-20 怎样看待许多企业才刚刚重视 CRM

资源 1-22 CRM 就是个平台么？

为更好地对 CRM 在汽车企业中的运用进行学习和理解，同时对汽车企业运用 CRM 的流程有所了解，在以后的实际工作中能加以运用，在学习中可以通过观看对资深 CRM 顾问的访谈视频，来加深对 CRM 的理解。

拓展训练

金华是从事客户关系管理的职员，在整理客户资料时，金华发现很多客户信息资料已经不准确，同时现在公司所用的客户信息卡已经是多年前设计的，和目前情况有了很大不同，金华很想重新设计一个更能准确收集客户信息的客户信息卡，如果您是金华，您将如何做？

1. 客户信息的准确、完整、一致是汽车企业运用 CRM 的重要条件，试从客户信息管理的角度来设计客户信息卡。

2. 小组对如何在汽车企业各环节发挥 CRM 的作用进行讨论，并将讨论结果上传到资源库平台。

项目二
管理汽车客户资源

随着市场竞争的加剧，许多商品或服务的同质化越来越明显，客户越来越看重经销商能否满足自己的个性化需求和提供高质量的服务，这要求经销商对客户价值的理解更加丰富而全面。通过本项目的学习，能帮助大家深入了解客户价值的深刻内涵，掌握在汽车客户生命周期各阶段应采取的具体技能，适应岗位需要。

任务 2-1　了解汽车客户价值管理基础知识

 任务引入

转眼陈东在 GQ 工作已经三个月了，他发现一个现象：每天一上班，展厅很热闹，总有来看车的客户，服务顾问耐心地解答各种问题，争取当时成交，即便不能成交的，服务顾问也会留下客户的联系方式，然后不断跟踪客户的购车进度，争取客户下单；但服务接待区也很忙碌，服务人员不停地对客户讲解各种车辆保养知识，还反复对客户进行回访和预约。那么在不同的阶段，该如何对客户进行服务呢？

资源 2-1　引入动画

 任务分析

随着市场竞争的加剧，许多商品或服务的同质化倾向越来越明显。商品品质不再是客户选择的主要标准，客户越来越看重经销商能否满足其个性化需求和能否为其提供高质量的服务。客户价值趋向也发生着演变，如何保持与客户的长期稳定关系，并有针对性地进行营销活动，是当前企业高度关注的问题。

 学习目标

知识能力	专业能力	社会能力
1. 理解客户价值与客户生命周期的含义 2. 了解客户生命周期价值理论及客户生命周期管理 3. 了解汽车行业 CRM 中对客户生命周期的划分 4. 掌握汽车行业客户生命周期管理的内容	1. 学会运用客户管理数据库来划分客户生命周期 2. 学会在汽车行业客户生命周期各阶段的管理方式、操作技巧及沟通语言	1. 树立服务意识、规范意识 2. 强化人际沟通能力，具备维护客户关系的能力 3. 具备维护组织目标实现的大局意识和团队意识

一、客户价值管理

客户价值管理是客户关系管理成功应用的基础和核心。客户价值管理就是企业根据客户交易的历史数据,对客户生命周期价值进行比较和分析,发现最有价值的当前客户和潜在客户,通过满足其个性化的需求,提高客户忠诚度和保持率。

资源 2-2 课件　　资源 2-3 微课

(一) 客户价值范畴

客户价值需要从客户和企业两个方面来认识。

从客户方面看,客户价值即客户从企业的产品和服务中得到的需求满足。研究人员认为,客户价值是客户从某种产品或服务中所能获得的总利益与在购买和拥有时所付出的总代价的比较,也就是客户从企业为其提供的产品和服务中所得到的满足,即 $V_C=F_C-C_C$ (V_C: 客户价值;F_C: 客户感知到的利益;C_C: 客户感知成本)。

随着市场竞争的加剧,许多商品或服务的同质化现象倾向越来越明显。商品品质不再是客户消费选择的主要标准,客户越来越看重经销商能否满足其个性化的需求和能否给其提供高质量的服务。客户价值趋向从注重物质利益到注重精神感受,这使学习和研究如何才能让客户满意日益成为企业关注的重要方面。

从企业方面看,客户价值即企业从客户的购买中所实现的企业收益。客户价值是企业从与其具有长期稳定关系,并愿意为企业的产品和服务承担合适价格的客户中获得的利润,也就是客户为企业的利润贡献。"长期的稳定的关系"表现为客户的时间性,即客户生命周期 (Customer Lifetime Value, CLV)。一个偶尔与企业接触的客户和一个经常与企业保持接触的客户对于企业来说具有不同的客户价值。这一价值是根据客户的消费行为和消费特征等变量所测算出的客户能够为企业创造出的价值。

在不同的客户生命周期内,客户的价值也不相同,在整个客户生命周期内,根据客户价值和需求的变化制定企业的营销活动策略,对企业经营来讲尤为重要。

(二) 客户生命周期理论

作为企业的重要资源,客户具有价值和生命周期。客户生命周期理论也称客户关系生命周期理论,是指从企业与客户建立业务关系到完全终止关系的全过程,是客户关系水平随时间变化的发展轨迹,它动态地描述了客户关系在不同阶段的总体特征。客户生命周期可分为识别期、形成期、稳定期和退化期四个阶段。识别期是客户关系的孕育期,形成期是客户关系的快速发展阶段,稳定期是客户关系的成熟期和理想阶段,退化期是客户关系水平发生逆转的阶段。

1. 客户生命周期各阶段特征

1）识别期

识别期（又叫考察期）是企业与客户关系的探索和试验阶段。双方相互了解不足、不确定性大是识别期的基本特征，评估对方的潜在价值和降低不确定性是这一阶段的中心目标。在这一阶段，客户会下一些尝试性的订单，企业与客户开始交流并建立联系。因客户对企业的业务进行了解，需要企业对其进行相应的解答，某一特定区域内的所有客户均是潜在客户，企业投入是对所有客户进行调研，以便确定出可开发的目标客户。此时企业有客户关系投入成本，但客户尚未对企业做出大的贡献。在识别期，企业只能获得基本的利益，客户对企业的贡献不大。

2）形成期

形成期是企业与客户关系的快速发展阶段。双方关系能进入这一阶段，表明在识别期双方相互满意，并建立了一定的相互信任和交互依赖。在这一阶段，双方从关系中获得的回报日趋增多，交互依赖的范围和深度也日益增加，逐渐认识到对方有能力提供令自己满意的价值（或利益）和履行其在关系中担负的职责，因此愿意承诺一种长期关系。在这一阶段，随着双方了解和信任的不断加深，关系日趋成熟，双方的风险承受意愿增加，由此双方交易不断增加。当企业对目标客户开发成功后，客户已经与企业发生业务往来，且业务在逐步扩大，此时已进入客户成长期。企业的投入和开发期相比要小得多，主要是发展投入，目的是进一步融洽与客户的关系，提高客户的满意度、忠诚度，进一步扩大交易量。在形成期，客户开始为企业做贡献，企业从客户的交易中获得的收入大于投入，开始盈利。

3）稳定期

稳定期是企业与客户关系发展的最高阶段。在这一阶段，双方或含蓄或明确地对维持长期稳定的关系作了保证。这一阶段有如下明显特征：

（1）双方对对方提供的价值高度满意；

（2）为能长期维持稳定的关系，双方都作了大量有形和无形的投入；

（3）大量的交易。

在这一时期，双方的交互依赖水平达到整个关系发展过程中的最高点，双方关系处于一种相对稳定状态。此时企业的投入较少，客户为企业做出较大的贡献，企业与客户的交易量处于较高的盈利时期。

在稳定期内，客户愿意支付较高的价格，带给企业的利润较大，而且由于客户忠诚度的增加，企业将获得良好的间接收益。

4）退化期

退化期（又叫衰退期）是企业与客户关系发展过程中关系水平逆转的阶段。关系的退化并不总是发生在稳定期后的第四阶段，实际上，在任何一个阶段，双方的关系都有可能退化。引起关系退化的原因可能有很多，如一方或双方经历了一些不满意、需求发生变化等。在退化期，客户对企业提供的价值不满意，交易量回落，客户利润快速下降。

退化期的主要特征有以下几点：

（1）交易量下降；

（2）一方或双方正在考虑结束关系甚至物色候选关系伙伴（供应商或客户）；

（3）开始交流结束关系的意图等。

当客户与企业的业务交易量逐渐下降或急剧下降，客户自身的总业务量并未下降时，说明双方关系已进入衰退期。

此时，企业有两种选择：一种是加大对客户的投入，重新恢复与客户的关系，进行客户关系的二次开发；另一种做法便是不再做过多的投入，渐渐放弃这些客户。企业有两种不同的做法，自然就会有不同的投入产出效益。（本教材以企业的第二种做法进行研究）。当企业的客户不再与企业发生业务关系，且企业与客户之间的债权债务关系已经理清时，意味着客户生命周期的完全终止。此时企业有少许成本支出但无收益。

2. 客户生命周期价值计算

客户生命周期价值是企业未来从某一特定客户身上通过销售或服务所实现的预期利润。具体来说，客户生命周期价值等于某一特定数量的新获取客户或现有客户群在一定期间内（如5年内）为企业创造的预期利润的净现值。

要计算客户的生命周期价值，就必须依靠储存客户购买行为记录的客户数据库。尽管大多数时候其计算都是基于过去客户销售历史的，但生命周期价值是关于企业未来的收益预测，它从根本上基于客户预期的保留率和客户消费水平的预测，以及其他一些容易测定的因素。

下面以表2-1-1为例来计算客户生命周期价值：

表2-1-1 客户生命周期计算示例

销售额		第1年	第2年	第3年	第4年
客户数/个		20 000	13 000	9 100	6 825
客户保持率/%		65	70	75	80
平均每月交易次数/次		0.50	0.60	0.70	0.80
平均每次交易金额/元		¥650.00	¥700.00	¥750.00	¥800.00
年销售额/元		¥78 000 000.00	¥65 520 000.00	¥57 330 000.00	¥52 416 000.00
成本及费用/元		75%	65%	63%	62%
可变成本/元		¥58 500 000.00	¥42 588 000.00	¥36 117 900.00	¥32 497 920.00
营销费用/元	¥120.00	¥2 400 000.00	¥1 560 000.00	¥1 092 000.00	¥819 000.00
客户获得费用/元	¥450.00	¥9 000 000.00			
成本及费用总额/元		¥69 900 000.00	¥44 148 000.00	¥37 209 900.00	¥33 316 920.00
利润/元		¥8 100 000.00	¥21 372 000.00	¥20 120 100.00	¥19 099 080.00
贴现率/%	14	1.00	1.14	1.30	1.48
当期净价值/元		¥8 100 000.00	¥18 747 368.42	¥15 477 000.00	¥12 904 783.78
累计当前净价值/元		¥8 100 000.00	¥26 847 368.42	¥42 324 368.42	¥55 229 152.20
生命周期价值/元		¥405.00	¥1 342.37	¥2 116.22	¥2 761.46

计算第四年的客户生命周期价值时，以第四年的累计当期净价值 55 229 152.20 元除以第一年获得的 20 000 个客户，得到客户生命周期价值为 2 761.46 元。由此可以看出，如果客户的生命周期不断延长，客户生命周期的价值是不断提升的。所以，在 CRM 中需要从组织保障、客户沟通和计算机信息等方面入手，提高客户满意度，与客户维系长期的合作关系，将客户培养成高忠诚度、高价值的核心客户。

从图 2-1-1 中可以看出，汽车经销商对一个客户的价值获取，不仅仅在于客户的购买新车所得，更多的是客户后期的价值贡献（售后服务、汽车美容、保险等），这也就是客户终身价值管理的目标。

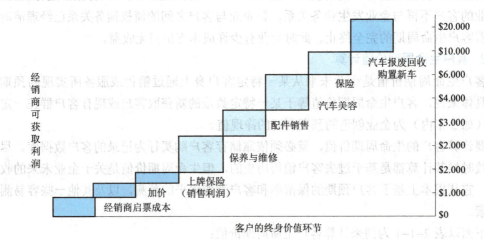

图 2-1-1　汽车客户终身价值

3. 客户价值管理作用

客户价值管理，它将客户价值分为既成价值、潜在价值和影响价值，如图 2-1-2 所示，满足不同价值客户的个性化需求，提高客户忠诚度和保有率，实现客户价值持续贡献，从而全面提升企业盈利能力。

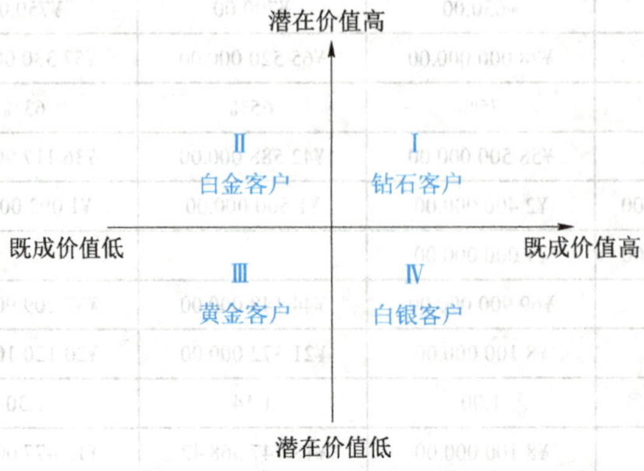

图 2-1-2　客户价值分区

1）既成价值

企业在研究客户的既成价值时会发现，由于客户与企业的这种关系会保持一段时间，在该过程中，客户对企业的价值的体现除了利润的增加、成本的节约外，还有另外一个重要贡献，那就是客户的既成影响价值。

2）潜在价值

潜在价值是指如果客户得到保持，客户在未来进行的增量购买将给企业带来的价值。潜在价值主要考虑两个因素：企业与客户可能的持续交易时间和客户在交易期内未来每年可能为企业提供的利润。

3）影响价值

当客户高度满意时，带来的效应不仅仅是客户自己会持续购买公司的产品，而且客户会通过他们的指引或者参考影响其他客户前来进行购买所产生的价值，这部分价值称为影响价值。

4. 客户价值管理的步骤

完整的客户价值管理包括三个步骤：

（1）所需数据采集。

（2）客户价值分析。判断客户的不同价值和等级。

（3）决策。根据不同客户价值来决定各个方面应该采取的措施。

企业应掌握不同客户的价值，将有限的资源定位于正确的客户。对于高价值客户，应预先采取留住客户的行动，将资源集中于最有价值的客户，而不仅仅是目前业务最繁忙的客户，持续关心未来具有潜在业务和影响价值的客户，而不仅仅是给一次性购买最大量服务的客户以最好的服务。

（4）关注客户价值的变化。根据客户价值的变动可以及时发现客户行为的改变，从而能够给高价值客户进行奖励或者减少其不满意度，以维持和提高价值。

（5）恰当的市场活动决策，比如决定吸引高价值客户的最好方法和途径。

5. 客户价值管理的要点

1）对客户摈弃"普惠制管理和服务"

企业必须坚决摈弃"普惠制管理和服务"，应当选择和锁定自己特定的细分市场，然后基于细分市场客户的喜好和需求有针对性地研发产品或服务组合；同时，针对产品或服务组合不断进行市场反应测试，直到取得稳定、高利润的回报。

2）按照客户生命周期实施管理

一般而言，客户生命周期包括四个阶段：识别期、形成期、稳定期、退化期。所以，企业必须在客户的各个生命周期阶段考虑实施不同的营销策略。通过了解客户在不同生命周期的不同需求，会在相当程度上有助于公司实现营销和销售的精确化制导。例如，在形成期，企业需要聚焦于如何将现有客户培养成高价值客户；当客户进入稳定期后，企业则要加大交叉销售的力量并着手培养客户对企业的忠诚度，等等。

3）建设差异化的销售渠道

虽然在消费者购买决策过程中，渠道所具有的影响力日益上升，但很少有企业从成本效率、消费者偏好以及客户关系建立能力等维度出发，进行渠道差异化的建设，从而经常导致渠道资源配置不当、企业成本结构受损、客户感受削弱等问题。它们根据客户行为与实际需求建立差异化的销售渠道，然后针对不同的销售渠道提供不同等级的资源配置支持。

4）内部作业流程与客户的价值取向相匹配

只有使企业的内部作业流程与客户的价值取向（即购买力与消费习惯）高度契合，才能使企业获得更高的客户满意度，进而使自己在营销和客户服务上的投资"物超所值"。否则必然导致企业销售成本增加，客户满意度下降。

二、客户生命周期管理

（一）客户生命周期管理

客户生命周期指一个客户对企业而言是有类似生命一样的诞生、成长、成熟、衰老、死亡的过程。

客户生命周期一般分为识别期、形成期、稳定期、退化期四个不同阶段，在这四个不同阶段，交易额及利润变化原因及大小也各不相同，如表2-1-2和图2-1-3所示。

资源2-4　课件

资源2-5　微课

表2-1-2　客户生命周期各阶段相关变量的变化情况

生命周期 变量	识别期	形成期	稳定期	退化期
交易量	总体很小	快速增长	最大并持续稳定	回落
价格	为吸引客户，一般为较低的基本价格	有上升趋势，形成期后期变得明显	价格继续上升，具体取决于公司增值能力	开始下降
成本	最高	明显降低	继续降低至一个底限	回升，但一般低于识别期
间接效益	没有	后期开始有间接效益，并有扩大趋势	明显，且继续扩大	缩小，但滞后于关系的退化速度，如客户传递坏的口碑，则有负的间接效益
交易额	很小	快速上升，形成期后期接近最高水平	稳定在一个水平上	开始下降
利润	很小甚至负利润	快速上升	继续上升，但后期减缓，最后稳定在一个水平上	开始下降

具体到不同的行业，对生命周期有不同的定义，在大多数行业，所谓的客户生命周期，

指的就是客户从成为公司的客户并产生业务消费开始,经过消费成长、消费稳定、消费下降,最后离开的过程,如图 2-1-3 所示。

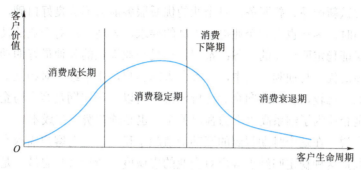

图 2-1-3　客户生命周期各阶段

在有的行业中,从客户成为企业的潜在客户开始,客户的生命周期就开始了,该周期可以划分为四个阶段,由前到后依次为:潜在客户、新客户、老客户、新业务的新客户等。客户服务的目的就是要使这个生命周期不断地延续下去,让这个客户成为忠诚客户。

1. 识别期客户管理

客户关系识别期是指双方关系的探索和试验阶段,在这一阶段,双方互相考察对方的相容性、诚意、绩效等内容,进而决定进一步的发展策略。在这个时期,企业要找准并且挖掘自己的潜在客户,锁定目标客户,扩大基盘客户的总体规模,使交易型客户向关系型客户转变,为今后实施有针对性的市场营销策略、实现长期盈利打下坚实的基础。对于企业来说,少量增加客户是远远不够的,必须采取措施实现规模性的扩大才有意义。一方面,在销售的过程中,不能仅仅在意某次交易的实现,还应该充分利用与客户的互动机会,收集客户的信息,使更多的客户加入公司的基盘客户队伍;另一方面,注重与合作伙伴的关系,通过交叉销售使其他行业的客户在消费过程中获得本公司的信息和积分,进而成为公司的客户,实现客户群的转移。

在客户关系识别期,收集客户信息并进行分析十分重要,企业应该充分利用自己的客户数据库,构建综合的、一体化的、动态的数据库,挖掘有潜在价值的目标客户,加强与这类客户的交流,使他们对公司的会员服务、企业文化有更多的了解和认同,成为本公司的真正客户。

2. 形成期客户管理

进入客户关系形成期,客户关系会呈现出蓬勃态势。为了能给予客户最大化的价值,在形成期我们要想方设法地提升客户价值。通过客户价值提升策略,引导客户关系向前发展,达到客户与企业之间形成互动、稳定的价值交集。

通过细分客户的方式获得的重要客户就是这一阶段企业需要特别关注的客户。具体可以采取措施进行客户价值提升,加强客户的满意度,提高他们转向竞争对手的转移成本,使他们逐渐成为公司的忠诚客户。

3. 稳定期客户管理

经过客户的形成期,企业已能占据一定的客户"钱包份额"和"心理份额"。客户关系稳定期就是要致力于如何保持既得的"钱包份额"和"心理份额"，使之巩固。在客户稳定期，客户的主要特点就是对产品需求量稳定，对价格的敏感度降低，愿意为企业提供的优质服务付费并尝试新产品、新服务，对企业的优质服务能够形成良好口碑，能帮助企业形成外部效益。同时，客户也会对企业提出更高的要求，表现在：对企业的技术质量要求更高，要求企业保证稳定而可靠的服务；希望能享受企业提供的其他最好的功能性服务；希望企业提供更多的优惠与便利。其中，业务量大的客户，由于经常对相互竞争的企业的服务质量和价格加以比较，会以此向企业讨价还价。所以，稳定期是客户与企业互动价值最大的时期，但是企业为了维系高水平的客户关系，也必须花费一定成本。

对于企业来说，在这个时期得到的互动价值趋于稳定，随着客户需求在有限的范围小幅波动。也有人把这种稳定归结于客户对企业的忠诚度。所谓客户忠诚，是指一种无形的承诺，会使相关各方在道义、情感、利益等方面产生依赖，从而降低交易成本。但目前很多企业过分专注于培养所谓的客户忠诚，过分以客户为中心来取悦客户，往往忽略了维系客户关系的成本，带来的其实是粗放型经营。

作为企业，要正常运营、承受资本市场的无情压力，一方面要设法增收节支，另一方面又要想方设法拉动客户需求，但这两者往往是相悖的。企业留住客户，会产生直接产品成本，还有其他所有相关费用，如广告、服务、销售和组织费用等，大多数企业都比较难以控制这些费用。如果企业过度强调客户忠诚而故意取悦客户，就容易造成营销近视，无法协调客户平均终身价值与单位互动价值潜力这两者之间的关系。而且"忠诚"可以成为一种思维定式，引发对特定人、事、物的偏爱或排斥，使人及企业在面对内外环境变化时显得不变通，难以放弃现有的技术、产品、市场或客户等，从而妨碍企业对于技术、产品、市场或客户等方面的创新和开拓。

4. 衰退期客户管理

衰退期是客户生命周期的最后一个阶段，也是每个客户关系发展的必经阶段。在这个阶段，客户对企业贡献的利润率逐渐降低，产品对客户的吸引力也逐步减少，最终被市场自然淘汰。

在这个阶段，企业应着眼于尽量减少客户对企业利润造成的负面影响，着眼于对衰退期客户的挽留、迁移。在实际工作中，这些阶段的区隔未必明显，因此，需要结合具体工作的实际情况来灵活应用和调整。

关注一个企业的客户生命周期管理流程。

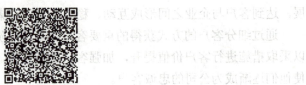

资源 2-6 4S 店售后服务管理制度

 拓展训练

　　福特汽车公司曾经估计每一位忠诚客户的终生价值在40万美元左右，这一价值包括了客户首次购买的汽车、预计将来购买的汽车和售后相关服务，以及来自汽车相关增值服务（保险、代理）的收入。但只会购买一辆福特汽车的一般客户，他的终生价值就少得多。

　　而日本知名企管顾问角田识之的研究表明，在一般交易活动中，买卖双方的情绪热度呈现出两条迥然不同的曲线，销售员从接触客户开始，其热忱便不断升温，到签约时达到巅峰，此后便一路下滑，等交了货、收完款后，更是急剧降温，更谈不上售后服务；与此相反，客户的情绪热度却逐渐上升。

　　这种对比研究结果给你的启示是什么？

任务 2-2　掌握汽车客户生命周期各阶段操作技能

任务引入

王先生在 GQ 公司订购了一辆新车，负责接待王先生的是李强。第二天就是交车的日子了，但李强必须到外地出差，那么李强应如何完成车辆交接呢？

资源 2-7　引入动画

任务分析

在汽车销售和维修行业，在不同客户生命周期关键时点上，客户及经销商都有不同的关注点，有不同的维系流程和动作。本任务涉及在新车期客户关系管理这一重要环节中如何针对客户的要求进行相应的关系维护，通过本任务的学习，学生应从实务的角度把握在客户生命周期各阶段的客户关系处理。

学习目标

知识能力	专业能力	社会能力
1. 了解客户生命周期价值理论及客户生命周期的管理 2. 掌握汽车行业客户生命周期管理的内容	1. 学会运用客户管理数据库来划分客户生命周期 2. 学会在汽车行业客户生命周期各阶段的管理方式、操作技巧及语言沟通	1. 树立服务意识、规范意识 2. 强化人际沟通能力，具备维护客户关系的能力 3. 具备维护组织目标实现的大局意识和团队意识

一、汽车行业各阶段客户关系维护分解流程一

在汽车销售和维修行业，可将客户生命周期分为新车期、保修期前期、保修期后期和保修期外。在不同生命周期的关键时点上，客户及经销商有着不同的关注点，要依照客户和经销商的特征与不同的关注点，制定标准化的维系动作，如表 2-2-1 所示。常规的维系动作有电话、短信、DM①、爱车养护课堂、服务节、远程巡回服务、俱乐部活动、优惠促销、公益活动等形式。

资源 2-8　课件

资源 2-9　微课

表 2-2-1　汽车客户生命周期维系表（以丰田公司为例）

生命周期	新车期					保修期前期			保修期后期			保修期外	
	交车日	购车后第三日	购车后七日	购车后一个月	首保提醒	首次保养（5 000公里）	10 000公里保养	15 000公里保养	车辆保险续保	20 000～35 000公里保养	保险到期提醒	保修期到期提醒	40 000公里以上保养	保险到期提醒
交车说明	△				△									
保养						△	△	△					△	
维修	△	△	△	△		△				△	△		△	
电话回访														
保养提醒			△	△	△									
继续提醒									△				△	
特殊节日祝贺	△	△	△	△	△	△	△	△	△	△	△	△	△	△
爱车养护课堂		△	△											
丰田关怀节	△	△	△	△	△	△	△	△	△	△	△	△	△	△
远程巡回服务			△	△	△									
俱乐部活动	△	△	△	△	△	△	△	△	△	△	△	△	△	△
转换活动									△	△	△	△	△	

---

① DM 是英文 Direct Mail advertising 的省略表述，直译为"直接邮寄广告"，即通过邮寄、赠送等形式，将宣传品送到消费者手中、家里或公司所在地。

二、汽车行业各阶段客户关系维护分解流程二

在汽车销售和维修行业，还有一种观点是，可将客户生命周期分为新车期、保修期、置换期三种。

（一）新车期客户关系管理

在新车期（0~3个月），客户主要希望及时得到完美的车辆，车辆交接后，公司要保持对客户的重视。期待经销商在服务过程中能明确告知车辆成交流程安排以及注意事项，并妥善办理车辆成交相关手续，同时经销商要及时解决客户的问题。针对客户这样的期望，汽车经销商要妥善处理好以下几个关键步骤，以期达到理想的效果。

1. 交车邀约

交车邀约是指客户签订订单之后，一直到交车日之前的这段时间与客户联络的过程，在这段时间，客户拿到新车的愿望比较强烈，所以在实际工作过程中，要注意如下要点：

（1）新车到店后，首先进行 PDI 检测①，确认车辆状况，填写确认单；

资源2-10　课件　资源2-11　微课

（2）按照交车排定顺序，确定交车客户名单；

（3）务必在约定期限内联系客户。如果车辆已到达，约定保守的交车时间、交车地点（引导客户来店交车）、付款方式，解释交车流程和交车所需时间；如果车辆未到达，解释相关原因，建议向客户提供购买车型的光盘资料或者小礼品，弥补延迟交车给客户带来的不便；

（4）销售顾问更新交车看板并在交付车辆上安放待交付车辆挂牌。

2. 交车日准备

交车日是指客户按约定日期来店提车。交车日准备是指为了交车工作能顺利进行，同时能够获得较高的客户满意度而做的一系列准备工作。在实际工作过程中，要注意如下要点：

（1）准备欢迎词。例如"××先生/小姐，祝贺你拥有了一辆崭新的××"；

资源2-12　课件　资源2-13　微课

（2）清洁车辆，再次确认车辆状况，零缺陷，加满1/4箱油，准备好 PDI 检测单；

（3）确保新车交付区域整洁，适当装饰；

（4）确认交车相关手续是否齐全；

（5）如果客户贷款购车，检查首付款情况以及首月费用和日期；

（6）通知相关人员做好参加新车交付事宜；

（7）牢记客户的喜好，做好及时的准备；

---

① PDI: Pre Delivery Inspection，出厂前检查，简称 PDI，是新车在交车前必须通过的检查。

（8）在与客户约定交车时间前30分钟左右致电客户，确认交车时间，再次提示并确认客户携带相关资料。

展厅经理需要对当天所有交车仪式做总体安排，如表2-2-2所示。提醒所有参与员工做好当天相关事宜，提醒员工及时弥补未妥善准备项。在新车交车邀约环节、交车前30分钟、交车后，都需要及时更新交车准备表。如果在交车区立一块木牌，上面写上即将交车的客户姓名，交车区布置同时更新，这样客户在提车时能看到自己的名字，也能提高满意度。

表2-2-2 交车准备表

项目	时间						
	9:00	10:00	11:00	12:00	13:00	14:00	15:00
车辆情况							
客户姓名							
联系方式							
资料准备情况							
牌照办理人员确认							
赠送礼品准备							
提前一天致电客户确认							
提车当天致电客户确认							
交车状态							
备注							

3. 客户到店接待

客户到店接待是指客户按约定日期来店提车，销售顾问热情接待客户。客户来店提车是一件非常开心快乐的事情，所以销售顾问要展现出自己的热情，一般要求提前到店门迎候，在实际工作过程中，还要注意如下要点：

（1）主动迎接客户，热情欢迎客户参加新车交付仪式，如图2-2-1所示；

（2）在"祝贺看板"上显示向参加新车交付的客户表示的祝贺词；

（3）邀请客户到洽谈区休息调整，准备好相关饮品，在整个过程中要保持与客户的交流，并且面带兴奋之情，以求与客户达到共鸣；

（4）向客户做交车前概述，告知客户交车的步骤、注意事项、所需的时间等；

资源2-14 课件　　资源2-15 微课

图 2-2-1 欢迎客户

（5）补充客户信息卡内容，尽量全面收集客户信息，包括车辆的第二联系人等。

4. 检验车辆

客户到店后，检验车辆的心情急迫，所以在实际工作过程中，销售顾问要提前安排客户检验车辆。

（1）邀请客户共同检验车辆状况（购买新车的客户都会在提车时关注外观有无缺陷、内饰的整洁程度、电器等设备是否良好、发动机的噪声情况等），客户肯定会在确认车辆状态后才提车。这个过程是独立的，并不是邀请客户参与 PDI 检查，PDI 检查不能让客户参与；

资源 2-16　课件

资源 2-17　微课

（2）告知客户检验车辆的注意事项，陪同客户检测车辆，引导客户至车辆前端，指出客户最满意的地方，展示时应再次强调，让客户觉得自己的选择是明智的；

（3）做详细的绕车介绍，主要确认即将交付的车辆各常用功能状态正常并介绍其用法，尤其注意对客户看中的特点再次指出和赞美，让客户有被认可的感受；

（4）在检测过程中，及时告知客户相关设备的使用注意事项。

5. 交车说明

销售顾问在交车说明时，注意如下要点：

（1）提供完整的交车手续，一一介绍资料及各材料的使用情况；

（2）收集客户信息及车辆使用情况，根据客户需求进行后续手册等资料的解读；

资源 2-18　课件　　资源 2-19　微课

（3）讲解新车用户手册，为客户标注重点；

（4）提示客户使用车辆注意事项及磨合期注意事项；

（5）告知客户后续办理手续的注意事项及所需时间。

在新车递交阶段，可以提供车辆使用方面的资料供客户参考。

6. 办理手续

销售顾问在办理手续时，注意如下要点：

（1）告知客户办理手续的内容、过程及所需时间；

（2）确认客户的支付方式，引导客户到收银台付款；

（3）提示客户携带相关资料并确认；

（4）全程陪同客户，帮助办理。

资源 2-20　课件　　资源 2-21　微课

7. 引导客户与售后服务顾问见面

销售顾问在引导客户与售后服务顾问见面时，注意如下要点：

（1）引导介绍售后服务顾问；

（2）服务顾问介绍售后服务情况；

（3）服务顾问回答客户关于售后相关的问题；

（4）引领客户参观车间，建立客户对售后服务的信赖感。

资源2-22 课件　　资源2-23 微课

8. 交车仪式（关键环节）

交车仪式对于客户来讲有特殊的意义，对客户满意度的影响非常大，在实际工作过程中，如图 2-2-2 所示，应注意如下要点：

（1）交车谢礼，可以是鲜花，也可以结合经销商所在地的风土人情或是节假日准备礼物。注意：让客户记得住的才是有效的；

（2）销售经理到场向客户表示祝贺；

（3）交车时有礼花等衬托气氛、有匹配的音响效果和员工的掌声；

（4）邀请客户照相留念；

（5）核对客户留存的地址以便为客户邮寄照片，为后续邮寄资料做铺垫。

图 2-2-2　交车仪式

9. 礼貌送别

销售顾问在送别客户时，注意如下要点：

（1）恭喜客户获得爱车；

（2）告知后续回访日期、内容、所需时间；

（3）询问客户希望的回访时间段；

（4）送别客户至经销店外。

资源2-26 课件　　资源2-27 微课

（二）保修期客户关系管理

汽车保修期是指汽车厂商向消费者销售车辆时，承诺对该车辆因质量问题而出现故障时提供免费维修及保养的时间段。现在大多数汽车厂家都实行新的车辆保修期规定，如 2 年或 4 万公里，以先到者为准。即保修期内的条件有两个：其一是时间限制，行驶时间为 2 年；其次是里程限制，行驶公里数为 4 万公里。只要这两个条件任意达到一个，就表明车辆的保修期已过，车辆再出现的正常维修保养都不在免费之列。另外，在保修期间内，并不是车辆的所有维修费用都会免掉，而是要看厂家在保修期内所指定的免费项目。通常在用户手册和各汽车 4S 店售后服务部都有相关文字说明。

保修期客户关系管理是指车辆首保之后，一直到车辆保修期结束前这个时间段内的客户关系管理，是指 3 个月到 2 年这个时间段的客户关系管理。

在这个时间段内的客户一般对车辆的使用和保养都比较重视，同时，对 4S 店的维修保养服务过程并不十分了解，所以，对于 4S 店的管理人员来讲，做好保修期客户的车辆维修保养工作及接待工作就非常重要，如图 2-2-3 所示。

图 2-2-3 汽车维修接待

目前各个品牌和各个经销商的服务标准流程大同小异，下面介绍服务流程中的几个关键步骤。

1. 预约准备

在 4S 店里，保养客户的预约工作，直接关系到维修部门的时间分配，关系到客户的满意度，对 4S 店的经营非常重要。在实际的工作过程中，要注意如下要点：

（1）按照客户希望的时间点进行电话邀约；

（2）询问客户车辆的行驶里程，解释保养的重要意义；

（3）如客户车辆即将达到保养里程数，进行预约邀请；

（4）如客户车辆还未达到规定的保养里程，提示客户保养以 3 个月或 5 000 公里二者先到者为准，约定即将到达 3 个月前一周提醒客户保养时间；

（5）解释预约的便利性，邀请客户预约。

2. 迎接客户

在实际的工作过程中，迎接客户时要注意如下要点：

（1）热情主动问好，递送名片并自我介绍；

（2）询问客户来店原因、是否预约；

（3）邀请客户共同进行外观检测；

（4）询问客户车辆状况，如有需要，进行现场初步检查；

（5）提示客户携带相关手续和保管好贵重物品；

（6）请客户锁好车辆，引领客户至接待前台。

资源 2-32 课件　　资源 2-33 微课

3. 接待

在实际的工作过程中，接待客户时要注意如下要点：

（1）请客户确认外观检测单并签字；

（2）解释首保项目、免费检测项目和所需时间；

（3）再次询问客户车辆是否还有其他问题需要检查；

（4）向客户介绍免费洗车等项目并询问客户是否需要；

（5）告知客户首保免费，旧件不能带走，询问客户是否需要确认更换下来的旧件；

（6）与客户确认维修施工单并签字；

（7）提示客户携带好取车单；

（8）引领客户至客户休息室并介绍休息室设施，将客户引领到客户休息室并不意味着接待的结束，客户关系部可以在客户休息室开展很多维系活动，比如赠送礼品、客户满意度调查等；

（9）礼貌离开。

4. 保养后邀请客户确认车辆

在实际的工作过程中，保养后邀请客户确认车辆时要注意如下要点：

（1）告知已完成保养，邀请客户确认车辆；

（2）解释保养项目和免费检测结果，介绍配件均为原装配件以及质量担保；

资源 2-36 课件　　资源 2-37 微课

（3）为客户展示更换后的机油品质；

（4）解释养护注意事项及首次保养后车辆使用注意事项；

（5）提醒下次保养时间，告知客户下次保养前一周会有回访提醒，推广预约；

（6）说明增值服务项目，提醒客户这些项目是免费赠送客户的。

5. 结算

在实际的工作过程中，结算时要注意如下要点：

（1）引领客户至结算前台；

（2）收银员起身问好；

（3）确认付款方式；

（4）双手递送发票和零钱；

（5）办理结算手续并请客户收好票据等资料；

（6）感谢客户付费。

6. 送别客户

在实际的工作过程中，送别客户时要注意如下要点：

（1）引领客户至车辆旁边；

（2）为客户除去保护五件套（有的厂家规定保护五件套在终检时就得拆下）；

（3）递送钥匙包和出门单；

（4）提示客户调节座椅位置及后视镜位置；

（5）提示客户注意保养提示贴上的信息，并解释下次保养项目及大致费用与时间；

（6）致谢送别客户。

（三）置换期客户关系管理

置换期的客户希望公司对自己的旧车有合理的评估，尽可能获得高折旧价值，并希望置换的新车物有所值。

对于企业来讲，车辆置换不但是为新车做"嫁衣"，而且是一个新的盈利点，旧车交易的利润往往是新车销售的好几倍。按国际汽车市场情况分析，新、旧车辆销量的比例在1:3左右。但目前在国内，即使是一些旧机动车交易相对活跃的城市，新、旧车辆实际交易量之比也只有3:1，新车实际成交量远远高于旧车成交量。这一差距表明，国内汽车消费市场以新车购买者为主，同时旧机动车市场也孕育着无限商机。厂商、经销商介入车辆置换，不但可以通过车辆置换推动新车的销售，还可以从旧机动车交易中得到利润的增长点。

1. 目前适合我国特点的车辆置换方式有三种

（1）同厂商置换。车主可将旧车折价卖给经销商，同时向其购买同一厂商生产的同一品牌或不同品牌新车。目前较多厂商采用的就是这种方式。

（2）同品牌置换。

（3）不限公司及品牌的自由置换。旧机动车中介机构回收消费者的旧机动车，并向消费者提供各种品牌的新车。

2. 置换期客户关系管理的关键

置换期客户关系管理的关键在于找到车辆置换的潜在客户，可以通过购车时间和行驶里程到达的一定标准，比如对车龄超过5年，行驶里程超过15万公里的客户进行电话回访，询问其是否有置换意向以及置换的目标车型。

1）换购意向调查

了解客户是否有换购意向，了解客户希望购买车辆的用途。

2）相关产品推荐及置换优惠措施宣传

推荐品牌内新产品，争取客户在经销商处置换车辆。

3）DM 投递

为了增强二手车置换的信息传递效果，在实际工作中，很多 4S 店都用 DM 投递来宣传二手车置换活动，在实际操作过程中，要注意如下要点：

（1）确认客户有换购意向；

（2）确认待换购客户名单，定期寄送相关资料；

（3）定期寄送新车资料、置换优惠信息、二手车保值窍门。

在新车递交阶段，可以提供车辆使用方面的资料供客户参考。

资源 2-44　销售顾问话术手册

汽车交车仪式对于客户来讲有着特殊意义，对提高客户关系管理有重要作用，那么，在实际工作中，应该注意哪些要点呢？在与客户交流中如何进行语言表达？交车结束送别客户时应注意哪些要点？

项目三

汽车客户信息管理

客户关系管理决定着企业的生死存亡和胜败兴衰，客户信息管理又决定着客户关系管理的生死存亡和胜败兴衰，客户信息管理作为客户关系管理的地基，各部门必须达成共识，协调合作，发挥和挖掘信息管理的作用。通过本项目的学习，学生要了解客户信息管理的重要意义，把握对客户信息收集、整理和运用的基本方法。

任务 3-1　了解汽车客户信息管理基础知识

 任务引入

在召开经营管理会议的时候，陈东发现一个很有意思的事情：几乎 90% 的销售经理都会说现在很困难，没客户或者客户太少，集客很难。于是，所有的压力都一股脑涌向市场经理。然而在市场经理使出浑身解数换回一个个客户信息时，销售部门又是如何对待、如何管理的呢？有没有进行有效的管理呢？

资源 3-1　引入动画

 任务分析

汽车客户信息的收集整理对企业来说相当关键，但在现实工作中，并不是所有部门和人员都能将收集到的客户信息进行有效运用。在本任务中，市场部门收集到了客户信息，但并没有得到销售部门的重视，销售部门没有进行有效管理，乃至产生没客户、客户太少的假象。因此，如何有效管理客户信息是值得企业各部门深入思考的问题。

 学习目标

知识能力	专业能力	社会能力
1. 了解汽车客户信息管理的基础知识 2. 熟记客户信息管理的"三大纪律""四项原则""八大注意" 3. 掌握内部客户信息数据库的建立和完善流程	1. 掌握在开展数据库管理的过程中应该注意哪些问题 2. 具备在实际工作中管理客户信息的基本能力 3. 掌握如何利用客户信息数据库的建立来完善对汽车客户信息的管理	1. 树立服务意识、规范意识 2. 强化人际沟通能力，具备维护客户关系的能力 3. 具备维护组织目标实现的大局意识和团队意识

一、认识汽车客户信息管理

要有序推进客户关系管理,首先必须建立在做好客户资源管理的基础上。客户资源管理的核心就是客户信息管理,而客户信息管理的本质就是数据库管理,那么,在开展数据库管理的过程中应该注意哪些问题呢?

资源3-2 课件 资源3-3 微课

客户信息管理的"三大纪律""四项原则""八大注意"如下:

(一)"三大纪律"

1. 保持客户信息的完整性

要建立客户360度全方位信息,比如车主基本信息、车辆基本情况、维修保养记录、投诉建议、活动信息、俱乐部信息等。

2. 保持客户信息的准确性

随着时间的推移,经销商现有的信息大多不完整、部分不准确,这就要求经销商在信息处理中,采取多种渠道和方式收集到客户信息,保持客户信息的准确性。

资源3-4 "三大纪律"演示动画

3. 保持客户信息的新鲜性

在目前的社会状态下,客户的各种情况会经常发生变化,这也给企业收集客户全面、准确的信息带来困难。在客户信息处理中,一定要注意及时收集客户变化的信息,保持信息的新鲜性。

(二)"四项原则"

1. 动态原则

客户资源管理是一个动态的过程。因为客户的情况是不断变化的,所以客户的信息也要不断地加以更新。

资源3-5 "四项原则"演示动画

2. 重点原则

客户资源管理要突出重点,对于核心价值客户或重点客户要予以优先考虑,进行差异化管理,提供优质的服务,不断提高客户的满意度。

3. 分析原则

要善加分析与利用客户信息,灵活开展客户关系。对于数据库中的客户信息要多分析和利用,不断挖掘新的销售线索。

4. 专职原则

客户资源管理应由专人负责,以便更好地开展信息收集、分析、管理的工作,随时掌握客户的最新情况。

(三)"八大注意"

1. 企业领导要真正重视客户信息管理的问题，而不是只做官样文章

由于客户关系管理决定着一个企业的生死存亡和胜败兴衰，而客户信息管理又决定着客户关系管理的生死存亡和胜败兴衰，企业的高层领导必须高度重视客户信息管理问题，必须认识到他们的责任不仅是决定是否要建立客户关系管理这座大楼和制定什么样的施工蓝图，更重要的是确保大楼地基的坚固。客户信息管理作为客户关系管理的地基，其工作成效的提高，首先离不开企业高层领导的理解、关心和支持。

资源3-6 "八大注意"演示动画

2. 建立现代化的客户信息库

没有足够的客户信息，客户关系管理将成为"巧妇亦难为"的"无米之炊"。企业在实施客户关系管理战略的时候，必须建立一个集中化的客户信息数据库，这要求企业克服各个方面的障碍（数据库方面的、企业各部门的、渠道方面的、信息来源方面的）；虽然这一任务十分艰巨，但是成功的回报率却是巨大的，可以说强大的客户信息库将会成为客户关系管理的"聚宝盆"。

3. 给客户信息管理分配更多的资源（包括时间）

建立一个集中化的客户信息数据库需要大量的资源：人力、物力、财力。许多企业都容易低估这一任务所需的资源。企业在实施客户关系管理战略的时候，必须用更多的资源，尤其是那些容易被忽视的时间资源，来提高客户信息管理建设。

4. 全员全部门必须通力合作

客户信息数据库的建立及管理不是某个部门单独所能胜任的，也不是哪个业务部门单独所能胜任的。企业必须全员动员、分工合作、齐心协力，才能建好客户信息数据库，提高客户信息管理的工作效率。

5. 开展客户信息管理培训，培养信息管理专业人员

由于信息管理的复杂性，任何企业的员工都日益感受到知识和技能跟不上时代发展的步伐，客户关系管理战略的全面实施更加剧了这种不足感。企业为了提高客户关系管理的有效性，必须加强对员工的培训，使他们认识到客户信息管理的重要性，增强他们管理和运用信息的能力；从长远来说，企业如果能在实施客户关系管理战略的过程中培养出一批得力的，能为企业控制和提高客户信息质量的人才，那将是一笔不可估量的无形财富。

6. 改善信息管理流程

信息的管理流程包括收集、储存、挖掘、分析和利用、管理等过程。这一流程十分复杂，任何一个环节都不容忽视，否则将对企业的客户关系管理产生严重的影响。企业要仔细审视每一环节，找出应该改进和可以改进的地方，采取切实有效的措施加以改进，这样客户信息管理的效率才能提高。

7. 善于利用信息分析及管理工具

现在，为了帮助企业提高客户信息管理的工作效率，有许多软件厂商和营销服务公司推出了各种技术工具，包括信息来源分析工具、信息要素改造工具、顾客姓名/地址管理工

具和顾客关系识别工具，企业可以根据自身需求从中选用适当的工具。

8. 建立重视信息管理的企业文化

任何企业都不应该忽视企业文化对实施客户关系管理战略、建立客户信息数据库所起的作用。一个重视信息管理的企业文化能使客户关系管理战略的实施事半功倍，而一个不重视信息管理的企业文化则会使客户关系管理战略的实施收效甚微乃至全面失败。企业要建立奖惩分明的制度来促进信息管理的建设，这是企业建立重视信息管理的企业文化最重要的一部分。

二、管理售前汽车客户信息

售前汽车客户信息管理是数据库管理的基础，看一个企业对数据库管理的重视程度，首先看该企业如何收集、甄别顾客数据，管理维护数据库。售前汽车客户信息管理可分为三个阶段。

资源 3-7 课件　　资源 3-8 微课

（一）收集

这是力求面广的过程。

尽一切可能收集众多顾客的众多信息，如年龄、性别、职业、收入、学历、爱好、性格、习惯、电话、地址、E-mail，等等，总之，多多益善。如图 3-1-1 所示。在收集客户信息的过程中，可以动用企业所有可利用的资源大范围收集顾客信息，如直接购买顾客资料、异业交换顾客数据、吸引顾客主动申请，等等。以下列举七种拓展客户信息来源的方法：

图 3-1-1　售前客户信息管理

1. 加入社会团体（如图 3-1-2 所示）

加入社会团体，直接成为特定社团的成员，例如，汽车协会、消费者协会等，取得社团的名单资料，再找合适的机会表明自己销售的产品，让该社团成员了解你销售的产品，但应该注意尺度的掌握，以免导致负面效果。

图 3-1-2 加入社会团体

2. 成为俱乐部会员（如图 3-1-3 所示）

图 3-1-3 成为车友俱乐部会员

付费成为一些俱乐部的会员吧！不论是何种俱乐部，只要有联谊性质，都是业务人员大展身手的良机。不要只想到汽车俱乐部，像其他行业的俱乐部都应该积极参与，不过要注意遵守俱乐部的相关规定，以免招致诚信上的质疑。

3. 填资料换赠品（如图 3-1-4 所示）

可以在车辆上牌、年检等场所开展此类活动，用赠品来换取准客户资料是非常有效的，而且目标客户群较明确，有效度非常高。但注意利用赠品开展宣传促销，提供的赠品要与销售的产品有高度关联性，如印有品牌 LOGO 的茶杯、警示卡通画等。当然，赠品未必要昂贵的，以客户适用为原则。

项目三 汽车客户信息管理

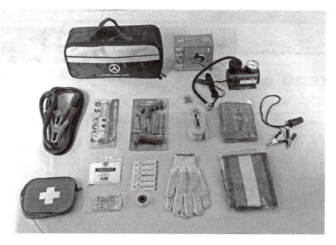

(a)

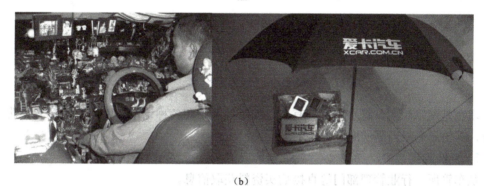

(b)

图 3-1-4 填资料换赠品

4. 上网去找（如图 3-1-5 所示）

(a)

图 3-1-5 上网去找

(b)

图 3-1-5　上网去找（续）

现在是网络时代，每个地方都有自己的行业网站和各种论坛，网上有很多客户购车车友群，其信息有相当高的准确性。

5. 直接购买

从车管所、行业管理部门等直接购买资料获取信息。

6. 异业交换/索取

如向建筑业、运输业、其他非微车品牌企业索取。

7. 通过车展、巡展促销、市场调查等活动获取

逛车展的人，不少都是想买车但没有最后决定的人。因此企业应以相关活动和企业实力来吸引客户，并完成潜在客户的资料储备。在车展之后的 1～3 个月中，对这些潜在客户进行跟踪，成功率一般在 30% 左右。如图 3-1-6 所示。

图 3-1-6　车展客户信息收集

（二）甄别

这是力求精准的过程。

一方面，通过各种途径收集上来的顾客资料不一定都是真实的，企业应该安排专人通过电话复核、资料比较等方式全面或抽样监测顾客资料的真实性；另一方面，也是更重要的，企业的资源有限，不可能满足所有顾客的需求，而只能重点满足目标顾客的需求。针对收集来的客户资料进行筛选、分类，对不吻合目标顾客条件的，该舍弃的要舍弃；根据与目标顾客锁定条件的吻合度，将搜集到的顾客资料分为 A、B、C 和淘汰四类。这类似于"来店（电）客户信息"分类，标准可以自己确定，比如：

A 级：客户资料真实，购车可能性大，基本确定是微车，近期购买可能性大等。

B 级、C 级可参考以上标准制定。

淘汰级：客户资料不真实，基本无购车可能，应在第一时间将其删除。

这一甄别环节不可或缺，在每一个顾客的背后，意味着企业一对一有针对性的后期跟踪资源投入（人力、物力、财力）。而不同顾客重要性类别的甄别、归类，直接影响到以后各种渠道的开拓及费用投入，并有可能对最终销售产生影响。

（三）数据管理

利用计算机资源对客户信息进行管理，方便大量客户信息的录入、查询、筛选，同时要时时更新。

目前有一些企业一时头脑发热，想开展数据库管理，结果购买、索取、获得了一些顾客资料后就没有了下文，不去系统地维护更新，建立数据库就失去了价值和意义。因此建立数据库后要采取相应的措施，加强数据管理。

1. 数据管理应遵循的基本原则

内部客户资料与外部客户资料应区分管理。

企业内部客户资料主要是一些销售记录、客户车辆基本信息以及维修售后服务信息。这些资料具有很高的价值，具体表现在以下几点：

（1）这些资料具有极大的真实性。

（2）这些资料是企业产品的直接消费者，他们对公司经营的产品已经产生了理性的认识，如 ERP、DMS 系统上的客户信息。

外部客户资料是指企业从政府机构、行业协会、信息中心等外部机构获得的潜在客户资料，这些数据特征是：客户是企业的潜在消费者，是企业展开营销活动的对象。但是，这些数据存在着真实性较差、信息不完整等特点，需要在管理过程中不断地修改和更正，如以上我们所提到的各种收集渠道得到的信息。

2. 外部客户信息数据库应记录并完善的资料

这些资料如表 3-1-1 所示。

3. 内部客户信息数据库（如表 3-1-2~表 3-1-4 所示）的建立和完善流程

（1）客户信息来源：ERP、DMS 系统、电话回访、客户投诉等。

（2）客户信息的整合：利用管理软件或 EXCEL 表格对信息进行汇总，形成内部客户信息数据库。

表 3-1-1 外部客户信息数据库

级别	客户姓名（昵称）	联系方式	获取渠道	获取时间	购车意向性	预计购车时间	预购车型	职业	跟进情况
B	李军	133××××××	消费者协会	7月10日	大	半年	微车	个体私营	
C	陈明	0771-655××××	某汽车俱乐部	7月15日	中等	1年内	轿车	公务员	
A	会飞的猫	462××××（QQ）	网站论坛	7月18日	大	3个月	微车	公司职员	

表 3-1-2 内部客户信息数据库（1）

序号	客户姓名	联系方式	住址	身份证号	职业	教育水平	家庭收入	行业	其他联系方式
1	黄成飞	133××××××	江北区两路口	4525××××	个体私营	高中	5万	服装	YLGRFB@sina.com
2	刘之力	0771-655××××	沙区东城路5号	5102××××	公务员	专科	8万	交管	6153××××（QQ）
3	周明	138××××××	解放碑邹容路122号	2314××××	公司职员	本科	7万	运输	等

表 3-1-3 内部客户信息数据库（2）

序号	客户姓名	车型	底盘号	发动机号	购买商家	购买时间	价格	保险单位	续保时间
1	黄成飞	SC6371A	LS4A××	465××	安福	08/7/3	××	中保	09/7/4
2	刘之力	SC6390	LS5A××	474××	龙华	08/7/3	××	太保	09/7/5
3	周明	SC6382	LS4B××	474%%	安福	08/7/4	××	平安	09/7/11

表 3-1-4 内部客户信息数据库（3）

序号	客户姓名	首保时间	维修项目	二保时间	三保时间	三包内维修项目	三包外维修项目	一次回访时间/内容	二次回访时间/内容
1	黄成飞								
2	刘之力								
3	周明								

延伸学习

资源 3-9　客户关系管理与数据挖掘

在对客户信息进行管理的过程中，应怎样建立数据库？通过本任务的学习，尝试设计客户信息数据收集的项目，以便提高客户信息处理的效率。

任务 3-2　汽车客户信息的分析与运用

 任务引入

GQ 经销商目前有一款新产品即将上市，为顺利打开销售局面，公司计划利用数据库系统开展口碑营销活动，作为销售部门的负责人，李强应该如何开展工作？经过认真分析筹划，李强决定从已有的数据库中进行筛选，找到"意见领袖"，让他们充分尝试后提出意见和建议。

资源 3-10　引入动画

 任务分析

在客户信息收集甄别的基础上，分析各类顾客群，找出影响购买行为的各种因素，根据严谨的数据分析，有针对性地采用各种推广策略，最终达到维护顾客忠诚、拉拢新顾客、提升品牌、促进消费等目的。在本任务中，李强通过数据库寻找在消费者群中有一定号召力和影响力的"意见领袖"，通过与他们的联系带动了消费群体。

 学习目标

知识能力	专业能力	社会能力
1. 了解客户信息分析的相关知识 2. 掌握客户信息分析的流程和方法	1. 能结合收集到的信息分析企业实际 2. 能把信息分析运用到实际销售活动中	1. 树立服务意识、规范意识 2. 强化人际沟通能力，具备维护客户关系的能力 3. 具备维护组织目标实现的大局意识和团队意识

相关知识

一、数据分析工作的要求

（一）数据信息分析员工作的要求

汽车销售工作的目标就是通过对客户信息的分析，识别出有购买意向的潜在客户与有望客户，通过一定的管理方法，使客户最终购买，完成销售工作。因此对客户信息进行分析至关重要，通过信息收集与分析，可以将客户信息分为A、B、C和淘汰四类，也可以按图3-2-1所示进行细分。要能准确进行分析和辨别，需要具备一定条件：一方面，作为信息分析员，除了要掌握相应的电脑知识外，还需要熟悉一定的分析技巧。优秀的信息分析员必须了解并能熟练运用各种分析方法，对信息进行分类和汇总整理，找出规律和关联性，分析原因，提出建议。另一方面，信息分析员是必须具备一定销售知识、更懂得售后服务的复合型人才，只有这样的分析员才能在复杂多变的顾客需求、形式多样的营销服务策略之间建立桥梁。

资源3-11 课件　　资源3-12 微课

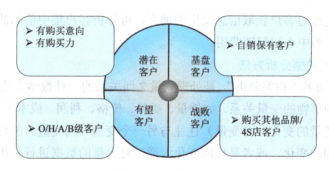

图3-2-1　客户细分

（二）数据分析的目的

总的来说，数据分析的目的有两个：

（1）挖掘销售线索，进行客户细分，促进最终销售；

（2）改进服务短板，提升服务质量，提供个性化服务，最终提高客户满意度。

通过数据分析，找到服务的短板，在服务过程中以一对一的沟通服务和营销活动来提升服务质量，最终提高客户满意度。

（三）数据分析的基本方法

1. 普通的数据分析方法

普通的数据分析方法有三种：趋势分析法，指对同一指标在不同时期的结果进行比较，揭示其发展趋势的方法；比重分析法，指通过分析数据后来判断事件的轻重缓急；比率分析法，指将相关指标进行对比，计算比率的分析方法等。

下面以具体事例来说明普通数据分析对销售工作的帮助。以"经销商集客流量统计分析表"为例，进行以下几个方面的数据统计分析，分析目的如下：

1）月度进客流量统计分析

分析目的：可以观察每个月进客流量情况，根据图标规律掌握客户特性，合理安排销售员的工作分配，以及休假排班、市场宣传活动等。

2）时间段进客流量统计

分析目的：通过此表分析可以观察到每日各时间段的客流量情况，根据图标可合理分配、调动员工工作，确保客流高峰时段的接待能力。

3）客户留存情况分析

分析目的：客户留存率是评定经销商销售员的接待能力、沟通能力以及销售能力的分析，保持较高而稳定的留存率可以提高客户的推荐率和购买率。

4）客户预估分析

分析目的：通过分析客户购买欲望的分布情况，掌握重要客户和危机客户，把客户价值发展到最大化。

5）客户获取信息渠道分析

分析目的：通过对客户获取信息渠道的调查，可分析客户集中信息的来源点，以便合理地改善、分配促销中心和促销费用。

2. 相对高级的数据分析方法

回归分析法，亦称"相关分析"，是处理变量之间关系的一种数学方法。在企业经营中，经常需要处理各种事物的变量关系，如销量、质量、价格、利润、成本等之间的变量关系。它们之中，一个变量的变化（自变量）往往与另一个变量（因变量）的变化之间存在内在的联系，或者是同向变化，或者是反向变化，通过对大量的数据进行分析，可以揭示其变化规律。

交叉分析法，这种方法已被广泛运用，如分析顾客收入与需求、年龄与需求、职业与需求、性别与需求、学历与需求之间的关系等。

3. 更高级的数据分析方法

因子分析法，因子分析是将多个实测变量转换为少数几个综合指标（或称潜变量），它反映一种降维的思想。通过降维将相关性高的变量聚在一起，从而减少需要分析的变量的数量，减少问题分析的复杂性。

差异分析法，是针对某一问题或某一现象对不同个体之间或者不同总体之间的差异情况予以分析。

聚类分析法，物以类聚，人以群分，这种方法是根据事物的一定特征，并按一定的要求和规律对事物进行分类的方法。

二、汽车客户信息的运用

（一）运用汽车客户信息细分市场，实施不同的营销策略

通过数据分析，可找出各类顾客群及各种影响购买行为的因素，更重要的是根据严谨的数据分析，有针对性地采用各种推广策略，最终达到维护顾客忠诚、拉拢新顾客、提升品牌知名度、促进消费等目的，因此在分析运用汽车客户信息的过程中，我们可以遵循下面的工作程序：

资源 3-13　课件　　资源 3-14　微课

1. 对目标顾客进行再分类

考虑到时间、沟通费用等成本代价，真正一对一地定制个性化的推广策略在实际工作中并不现实，因此数据库营销推广只能有限靠近一对一的个性化推广策略。

2. 对不同顾客实施不同的营销服务策略

不同的客户群有不同的购买心理及行为，我们应该根据他们不同的心理、行为而设计不同的营销服务策略。

比如在不同的行业，即便面对共同的客户，营销服务策略也是不同的；同一行业对不同客户群更应采取不同的营销策略。

在零售业，对实惠型的顾客群，寄送特价礼物、特别优惠券；对注重情调的顾客群，组织浪漫的生日宴会；对重视健康的顾客群，寄送新到有机食品样品；对刚有宝宝的家庭，则推荐宝宝食品用品组合套餐等。

在通信业，对高端商务客户，则采用积分奖励送培训券、财经书籍等；对打工一族，则力推低价长途套餐，开展订套餐送大奖活动；对学生群体，则开展短信/彩铃创作大赛等多种推广策略。再仔细一点，对高端商务客户，可进一步根据其通话特点、个人喜好，提供机场贵宾室服务、享受健身俱乐部优惠等延伸服务。

在餐饮业，对老顾客，实施忠诚奖励计划，如就餐满五次送一次免费就餐，满十次送三次就餐；对游离型顾客、新顾客，可实施来就餐就送新菜肴一盆，现场打 9 折等活动；对注重营养的顾客，赠送一些养生之道的书籍；对注重美丽的女士，推荐能美容的食品等。

只要企业注重数据库营销，重视不同顾客的心理、行为特征，就一定会设计出因人因群而异的各类营销服务策略。你尊重人家，人家定会回报你，这些受到持续个性化照顾的顾客，一定能成为企业忠实的客户群。

3. 与顾客沟通，要善于创新

传统的客户沟通手段通常有 6 个：电话、活动、DM（直邮）、EM（电子直邮）、网络和短信。我们应该根据顾客群的特征有针对性地创新运用。

（二）基于数据库的客户沟通方式

基于数据库的客户沟通方式常用的有电话、信函邮寄、小型联谊会、讲座活动等，这些媒介形式相对费用高，效率低。比如电话过多，客户可能会投诉被骚扰；邮寄又浪费大量的人力和物力；联谊会等活动费用太高，效果还不一定很好。因此，目前从实际效果来看，比较适宜的是短信和 E-mail（电子邮件），用这两种方式，不但可以加强与客户的日常联系与沟通，而且客户也容易接受。下面详细介绍这两种方式：短信群发与 E-mail 群发。

1. 短信群发

利用短信群发器大批量发送短信，具有电话、信函所无法具备的优点。

1）费用低

发信量越大，单条短信费用越低，短信运营商制定的短信套餐低至 0.01～0.02 元一条，平均到达每个目标顾客的费用仅仅是电话/信函费用的几十分之一。

2）速度快

利用各种类型的短信群发器，每天的发信量可达上万条。

3）命中率高

只要有短信，几乎 100%的目标顾客都会收看。

正是基于短信群发的三大优点，越来越多的企业针对目标顾客群，利用短信群发展开生日问候、促销信息告知等各种推广活动。

2. E-mail 群发

与短期群发类似，利用 E-mail 群发器向大量目标顾客的 E-mail 邮箱发送各类信息，其优点更甚于短信群发。

（1）费用约等于 0，除了宽带上网费外，不需要其他任何费用。

（2）速度更快，基于互联网的信息最快，以光速传递。

（3）命中率高，当然前提是必须准确获得目标顾客的常用邮箱。

（4）信息量大，E-mail 的内容及附件容量可达 10 M 以上，可以图文并茂的形式传递各种推广信息，这明显优于每条只能几十个字符的短信。

另外，在线即时双向沟通的目标顾客 QQ 群、MSN 群等都是企业可利用的数据库管理的工具，随着网络信息技术的发展，一些信息传递方式也逐渐引起企业关注。

（三）服务项目的创新

在产品日趋同质化的市场条件下，消费者更加关注高质量的服务。但服务项目的创新有一定的风险和难度，在服务项目创新的过程中，要考虑结合企业的自身条件和客户的需求，对客户实施"感动式"服务、"特色式"服务，让客户真正感受到企业对客户的关怀与帮助。

以顾客的生日为例，这是许多顾客内心希望被重视的日子，如果在这一天企业给顾客热情的问候并给予特别的服务优惠，是不是更能让顾客感动？

简而言之，客户信息管理能否发挥重要的作用，能否给企业经营带来帮助，在于企业的灵活应用，数据库管理是一把双刃剑，利用得好，则能为企业带来巨大的利益；反之，就得不偿失。

延伸学习

1. 在数据分析管理中，通过不同的客户信息分析方法，能提高对客户购买行为的了解，帮助企业更好地满足客户需求。下面我们以"维修客户统计分析表"的分析来进一步了解。

（1）进场客户数日走势分析。

分析目的：进场客户数日走势图分析可以对比月度每日客户进场数，可使企业集中时间区域，合理安排日常工作及开展活动。

（2）各时间段进场客户数统计分析。

分析目的：各时间段进场客户数统计分析可以对比月度每日不同时间段客户进场数，以便企业合理安排服务接待和预约工作。

（3）进场客户维修率日走势图。

分析目的：找出每日进场客户维修率的差距，以便对客户进行流失原因分析和后期工作改进。

（4）三包内、三包外客户占比分析。

分析目的：对比月度三包内及三包外客户的占比和月度走势变化情况，以便有针对性地对三包内及三包外的客户开展服务促销和回访关怀活动。

（5）客户回访统计分析。

分析目的：通过对回访成功率、满意率及推荐率的指标分析，重点关注回访不成功客户、不满意客户和满意但不推荐企业产品的客户，并进行原因分析。

（6）不满意项目分析。

分析目的：通过对不满意各子项的月度统计及走势分析，重点关注占总数比例较大的项目分析及月度占比差异较大的子项原因分析。

（7）不满意客户跟踪处理情况。

分析目的：对不满意客户的跟踪处理率和处理完成率的指标分析，可以使企业及时掌握对不满意客户的处理和完成情况统计，有利于信息的闭环处理和跟进进度的掌握，重点分析处理率低及完成率低的主要原因。

2. 充分利用数据库资源，还能帮助企业细分市场，满足细分市场的需求。

某经销商为了提高营业利润，决定把客户续保作为重点工作，结合本地区客户的特点及经销商自身的能力和条件，找出优势：

（1）公司和中保（中国保险公司）关系较好，能得到较大的保险折扣，客户在公司投保，公司可让出部分利润；

（2）公司为中保定点维修点，如在公司入保，客户可享受部分费用优惠；

（3）公司可与某车队联营，可让客户挂靠车队，养路费可以每月优惠 20%；

（4）公司可为客户办理"绿色通行证"，使客户享受省内上高速不交费等优惠措施。

针对以上自身条件，为保证前期业务工作的顺利开展，利用客户数据库挑选出部分客户，该部分客户须符合以下条件：

（1）客户保险即将到期：续保意向强烈，有一定的保险意识；

（2）客户为中保客户：公司优势集中在中保，可为客户提供一条龙服务；

（3）客户为运输业或长途业务较多的客户："绿色通行证"对他们有一定的吸引力；

（4）客户为当地的客户：外地客户入保可能性小，管理较困难。

根据以上客户标准，经销商选出 218 个客户，并通过电话和邮件的方式对客户进行了跟踪回访，经过前后 2 个月的工作，有 78 名客户在公司入保，有 135 名加入公司车队（缴纳一定的管理费后，以后续保的机会大大增加），有 110 名客户办理了"绿色通行证"，表示以后考虑在该经销商处入保。至此，该经销商迅速开拓了新的利润市场，获得了更大的客户群。

拓展训练

在本任务中，李强提到了"意见领袖法"，那么，该如何利用信息数据库挑选出"意见领袖"呢？要具备什么条件才能成为"意见领袖"呢？

项目四
提升客户满意度与忠诚度

客户满意度调查近年来受到国内外普遍重视，服务行业的客户满意度调查已成为企业发现问题、提升服务的重要手段之一。在不断提高客户满意度的过程中，可以促使客户忠诚，从而在企业与客户之间建立相互信任、彼此依赖的关系，促进企业经营管理的发展。

任务 4-1　提升客户满意度

 任务引入

李建波是 BX 汽车销售服务公司的一名销售经理,最近收到总部通知,为了解不断变化的顾客需求和期望,并持续不断地改进产品和服务过程,将对他所在区域的所有销售公司都进行客户满意度调查。三天后,就有几位"神秘"的客户来到了他们公司。这些客户中只有李哲先生打算买车,但是全家人每次都陪同他来看车,包括 60 岁左右的父母、李先生的妻子王丽和他五岁大的小孩。进店后每个人都提出了自己的意见,让当时的销售顾问措手不及。那么,李建波该怎么安排接下来的工作?其他同事该怎样配合他的工作?

资源 4-1　引入动画

 任务分析

客服满意度的提高是汽车服务人员优良素质的体现,本任务中,销售经理李建波对神秘客户的处理,不仅仅是他个人的问题,更是他们销售全体人员的客户接待素质能力的体现,甚至会影响到汽车生产商对经销商的年底考核,那么,提升客户满意度应从哪些地方着手呢?

 学习目标

知识能力	专业能力	社会能力
1. 掌握利用多种信息化平台进行自主学习的能力 2. 具备制订工作计划、独立解决问题的能力 3. 具备运用多种资源解决实际问题的能力 4. 具备准确的自我评价能力和接受他人评价的能力 5. 具备独立思考的能力	1. 能够大方、得体、专业地进行客户接待工作 2. 掌握"电话访问""面访调查""神秘客户检测""飞行检查"等客户满意度调查的知识和技能,能熟练运用工具进行客户满意度调查	1. 树立服务意识、效率意识、规范意识 2. 强化人际沟通能力,具备维护客户关系的能力 3. 具备团队意识和沟通能力 4. 具备爱岗敬业的职业道德和严谨、务实、勤快的工作作风 5. 具备自我管理、自我修正的能力

项目四 提升客户满意度与忠诚度

相关知识

一、体验客户服务满意度

在烈日炎炎的夏日,当你经过一路狂奔,气喘吁吁地在车门关上的最后一刹那,登上一辆早已拥挤不堪的公交车时,洋溢在你心里的是何等的庆幸和满足!

资源4-2 课件　　资源4-3 微课

而在秋高气爽的秋日,你悠闲地等了十多分钟,却没有在起点站"争先恐后"的战斗中抢到一个意想之中的座位时,又是何等的失落和沮丧!同样的结果——都是搭上没有座位的公交车,却因为过程不同,在你心里的满意度就大不一样。

二、提升客户满意度,带来忠诚客户

客户满意度 CSR(Consumer Satisfactional Research),也叫客户满意指数。客户满意度,是指组织的所有产品对客户一系列需求的实现程度。

满意度(Satisfaction)=结果(Result)−期望(Expectation)

图 4-1-1　客户满意度

通过持续了解客户的需求,发现服务中存在的问题,找出问题产生的原因,提出相应的改进方案,然后检验改进效果,可以长效而稳定地提高或保持客户满意度(如图 4-1-1 所示),这就是研究客户满意度的价值所在。客户满意度体验如图 4-1-2 所示。

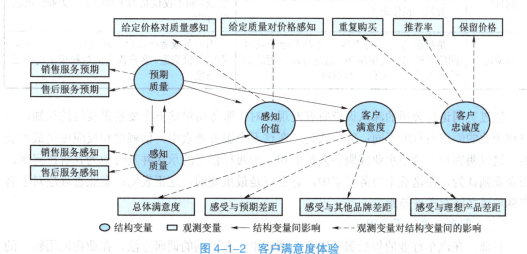

图 4-1-2　客户满意度体验

客户满意度研究（Customer Satisfaction Research）是用于准确度量消费者对产品、服务的销售、使用、售后等各个环节的满意度水平，进而发现影响客户满意度的因素、客户满意度水平及客户消费行为三者间的关系，从而通过最优化成本，有效地提升影响顾客满意度的关键因素，以达到改变消费者行为，建立和提升顾客忠诚度，减少顾客抱怨和顾客流失，增加顾客重复性购买的行为，创造良好口碑，提升企业的竞争能力与盈利能力的一种研究方法。顾客满意度研究目前已经普遍应用于各个行业，是较为常用的研究类型。顾客满意度研究可有力促进产品改进和服务水平的提升，并为企业带来忠诚客户。

（一）RATER 指数

RATER 指数是五个英文单词的缩写，分别代表 Reliability（信赖度）、Assurance（专业度）、Tangibles（有形度）、Empathy（同理度）、Responsiveness（反应度），如表 4-1-1 所示。而客户对于企业的满意程度直接取决于 RATER 指数的高低。

表 4-1-1 RATER 指数

要素	定义	表现
信赖度	是指一个企业是否能够始终如一地履行自己对客户所做出的承诺	当企业真正做到这一点的时候，就会拥有良好的口碑，赢得客户的信赖
专业度	是指企业的服务人员所具备的专业知识、技能和职业素质	提供优质服务的能力、商务礼仪的熟练运用、与客户有效沟通的技巧
有形度	是指有形的服务设施、环境、服务人员的仪表以及服务对客户的帮助和关怀的有形表现	服务本身是一种无形的产品，但是整洁的服务环境、客户休息区里专门为幼儿提供的专用座椅、及时为客户端来的爽口饮料、整齐的杂志，等等，都能使服务这一无形产品变得有形起来
同理度	是指服务人员能够随时设身处地地为客户着想，换位思考	真正地同情理解客户的处境、了解客户的需求，而不仅仅是为了自己的销售业绩而服务客户
反应度	是指服务人员对于客户的需求给予及时回应并能迅速提供服务，迅速解决问题能够给服务质量带来积极的影响	当服务或者产品出现问题时，马上回应，不能消极逃避。客户需要的是积极主动的服务态度

经过美国论坛公司的深入调查研究发现，对于服务质量这五个要素重要性的认知，客户和企业的侧重点有所不同：客户认为，在这五个服务要素中，信赖度和反应度是最重要的。这说明客户更希望企业或服务人员能够完全履行自己的承诺并及时地为其解决问题。而企业则认为，在这五个服务要素中，有形度是最重要的，这正表明：企业管理层对于客户期望值之间存在着差距。

（二）服务满意度五大因子

目前，在汽车行业的售后服务满意度调研中，有不同的调研方法，在业内应用较广的是 J.D.Power（美国的一个汽车测评机构）公司的服务满意度的调查方法。2009 年，

J.D.Power 中国售后服务满意度指数调研（Customer Satisfaction Index，CSI）设计了包括服务质量、服务后交车、服务启动、服务顾问和服务设施 5 个方面的测评内容，如图 4-1-3 所示，以衡量车主在购车的 12～24 个月内，对国内厂家授权经销商提供的保养和维护服务满意度的评价。但随着市场环境的变化，考核因子也在不断发生变化，比如在 2009 年，在 CSI 考核五大因子及权重中，经销商设施占 15%，服务启动占 15%，服务顾问占 15%，服务质量占 35%，服务后交车占 20%。

图 4-1-3 客户满意度五大重要因子

至此，我们可以看出客户服务的满意度与客户对服务的期望值是紧密相连的。企业需要站在客户的角度不断地通过服务质量的五大要素来衡量自己所提供的服务，只有当企业所提供的服务超出客户的期望值时，企业才能获得持久的竞争优势。

三、汽车客户满意度的研究方法

（一）汽车客户电话访问

在通常情况下，汽车经销商会做一些定期的调查，这些调查的原则与市场调查的一般方法一致，可以在现有汽车经销商的顾客中随机抽取样本，向其打电话询问，以了解顾客对公司及其竞争对手在运营中的各方面的印象。现今市场，汽车产品及服务竞争越来越激烈，能否拥有并保持甚至不断扩大忠诚的客户群体，已经成了企业核心竞争力的重要组成部分。因此，汽车经销商定期考察客户满意度和忠诚度显得尤为必要。

电话邀约参考话术：

> 您好，请问您是赵女士吗？
> 您好，我是××4S 汽车销售有限公司客户服务部的工作人员，打扰您一分钟可以吗？谢谢！
> 我公司近期将举办一场"老客户答谢免费检查活动"，请问我们公司的服务顾问是否已经通知过您呢？届时我们的服务接待将陪同您一起参加本次活动。感谢您的支持，再见。

资源 4-7 电话邀约演示动画

（如拒绝）

　　本次活动主要是为了答谢老客户对我们公司的支持,特举办答谢老客户免费检查活动。届时我们公司将免费为您做全车的检查,机会难得,相信对您的爱车会有很大的帮助,再次真诚地邀请您参加。

　　祝愿您身体健康,生活愉快！

（二）汽车客户面访调查

　　在对顾客进行研究时人们发现,顾客喜好干净、整洁的购车体验环境；喜好热情、便捷的服务。针对汽车经销商企业,客户也非常重视门店的服务效率,对产品推荐、活动折扣等也都十分关注。在店内营销方面,客户关注促销、营销的实时性,是否能立即体验到活动的回馈。

　　满意度研究的问题类型通常采取等级型封闭式问题。

　　例如：请问您对本公司的维修速度是否满意？

　　（选项为完全不满意、不满意、尚可、满意、完全满意）。

　　在此有三点必须说明：

　　（1）例子所提供的选项是五个等级,也有企业和学者主张采用六个等级,以避免结论过于向中间等级集中,缺少倾向性；

　　（2）例子中的选项用的是语意差别法,其实质是为了表达从最不满意到最满意的程度的差别；

　　（3）在有些调查中,为了得出最终得分,以便在不同受调查企业间作出比较,以 1~5 分来区别 5 个等级。

　　面访调查如图 4-1-4 所示。

图 4-1-4　面访调查

项目四 提升客户满意度与忠诚度

面访调查参考话术如下：

您好，赵女士。

您好，我是××4S汽车销售有限公司售后服务部工作人员，打扰您一分钟可以吗？谢谢！

我们公司今天举办的老客户回馈活动，请问是我们公司的服务顾问邀请您参加的，还是您自己通过其他渠道了解后来参加的？请问您对我公司举办的此次活动满意吗？

您对我们公司这次服务顾问的讲解还满意吗？

他在和您的沟通过程中您还有不明白、不清晰的地方吗？

您对他的服务和专业还满意吗？（赞美该服务顾问）（资深之类），有他为您服务，您一定会称心如意的。

感谢您的支持与合作，衷心地祝愿您身体健康，生活愉快！再见！

客户有意见时：

请将您的意见跟我说好吗？我会详细记录，并及时反馈给有关人员。如果答案是"否定"或"一般"或"不满意"，都要说很抱歉，稍后我会提醒我们的工作人员下次注意。

反馈意见时：

我已经记录下了您反馈的意见。非常感谢您的意见，我会尽快将您的意见反馈给相关部门，并且会有专人在24小时内与您再次取得联系，谢谢。再次感谢您，欢迎有问题随时与我们联系，再见。

结束语：

非常感谢您的配合，日后您可能会接到公司委托的第三方调查，如果您觉得我们的服务还不错，那就请您一定要帮助我们跟他说"非常满意"这四个字，再次感谢您，有问题可以随时打我们的服务电话，再见！

注：询问问题应随服务站的现实状况来决定，针对目前不足或是管理重点进行回访调查。询问客户的问题在5~8个较为合适，一般占用客户2~3分钟即可。

（三）神秘客户调查

神秘顾客研究作为以用户体验为核心的实践调查，在汽车行业被广泛应用。有些公司花钱雇用一些顾客公司的人员，或是消费者，有些服务行业的公司用内部人员（这些人往往是后台工作人员，他们与前台工作人员互不相识），他们装扮成顾客，亲身经历一般顾客在消费中所需要经历的全部过程，然后向公司领导报告公司及其竞争产品（或服务）所具有的优点和缺点。这些神秘购物者甚至会故意提出问题，以测试公司的销售人员、前台服务人员和投诉处理人员能否作出适当的处理。

资源4-8 讲解动画

通过神秘顾客调查，能够为汽车企业建立起一套完善的监控考评体系。为了避免汽车经销商采取违规降价等行为扰乱市场，汽车企业可通过神秘顾客调查对全国或区域范围的门店进行定期抽查，对违规行为进行管理。神秘顾客调查可以对经销商门店进行真实的购买考察，通过对销售价格、优惠价格等的价格沟通，达到了解成交价格的情况，而企业可以通过取得一手的门店价格信息，对各区域、各阶段活动价格进行系统监控。

神秘顾客调查的方式可分为以下几种：

1. 神秘顾客实地体验监测——明访

神秘顾客根据项目要求进行事先准备，对测评店进行硬件、软件、人员、物料等多维度的测评，并进行相应测评内容填写，记录感受，进行评估。对于汽车经销商，进行销售、维修和服务等内容的监测。

2. 神秘顾客实地体验监测——暗访

神秘顾客佩带相应暗访设备（录音、录像等）对测评店进行各项购买过程的体验和考评，不暴露访问身份。访问后填写相关评估内容，进行客观评价。通过对真实交易过程的监测，揭示消费者为什么会对企业服务质量有如此的感受，从而达到提高执行效果的目的。

3. 神秘顾客进行电话监测

神秘顾客给被调查的服务顾问或客服人员拨打电话，并根据项目要求检测接线人员的服务态度、业务处理技巧等一系列问题。通常我们会帮助企业设计相关问题引导被调查者回答。

4. 神秘顾客在线检测

目的是检测客户网络服务的内容和处理方式。由神秘顾客监测企业网站及相关客服人员的业务技巧等，发现短板和问题，进行系统评估。

5. 神秘顾客与被访人员进行交流

神秘顾客将针对某些重要的服务情况同被访者进行沟通与交流，然后记录服务过程的感受，并根据印象进行评估。

6. 神秘客户研究

通过提供神秘顾客在购车或维修环节的体验和监测，对厂家指定的汽车经销商和卖场进行综合考评。通过服务监测，可以帮助企业评估终端的客户服务，监测内容将覆盖从销售到售后的多个领域。通过神秘顾客对考评需求的体验，完成销售、售后与顾客服务的各个方面的检测。

神秘顾客检测对测试者在真实环境下的工作情况进行测评。这种方法能够提供对产品销售和交易执行过程的洞察。在战略和战术层面，神秘顾客检测能够提供对公司优势、劣势、机会和威胁等方面的全面评估，从而帮助确保消费者体验，满足顾客的需求，以便超越竞争者。通过完全自定义的神秘顾客调查，就可以充分评估汽车销售、服务终端。

此外，汽车经销商神秘顾客监测内容包括：最初的问候语、工作人员的友好性、专业性、店内的清洁度和演示、产品和服务范围、优惠或折扣等营销活动。

（四）飞行检查

飞行检查就是通过在真实用户的车辆上预设故障，送到受检经销商处进行保养维修，以检查经销商的服务技术水平和营销质量是否符合这套标准服务流程。由于这种检查非常突然，事先不向经销商透露任何测试信息，与体育界的"飞检"有异曲同工之妙，因此被称为"飞检"。

"飞检"共设近 30 个检查项目，分为 7 大类，包括从预约到最后跟踪回访等各个环节，细化到了不可思议的地步。例如，用户打来电话，服务人员要在规定铃声之内接起电话，倾听用户表述，提醒用户送车时的注意事项，交车时为用户做详细交代，并在规定时间内回访，等等。

资源 4-9　讲解动画

全部保养维修过程结束后，一套事前设计好的问卷将交由用户填写。用户对经销商在以上各大类各环节的服务进行评价，维修保养质量则通过检查预设故障的完成情况来评定。检查结果出来后，厂家会与经销商进行沟通，指出经销商在服务各方面可能存在的问题，并及时改善解决。同时，这种检查结果还与经销商的实际经济利益挂钩，以督促经销商保证服务质量。

目前，"飞检"是世界汽车行业最先进的管理方法之一，它能够科学、客观地找出售后服务工作中的薄弱环节，并有的放矢地解决问题，有效地提高服务质量和服务诚信度。迄今全球仅有几家知名汽车厂商采用了这种管理手段。

 延伸学习

资源 4-10　飞行检查调查问卷

 拓展训练

材料分析题，请扫描二维码，分析下面问题：

资源 4-11　丰田公司客户满意度调查方法

1. 丰田公司针对客户的满意度调查，对其有何意义？
2. 丰田公司体现的是何种营销观念？其值得总结的经验有哪些？

任务 4-2　培养客户忠诚度

任务引入

王明是 GF 汽车销售服务公司的一名新员工，来到公司售后服务部门已经三个星期了，今天主管给了他一个新任务，那就是给每一位在他们公司一年前做过保养的客户打电话，提醒他们到 GF 汽车销售服务公司的售后服务部再次保养，最后进行流失客户统计。面对有的客户的不耐烦甚至挂断电话，王明觉得委屈极了，面对这样的情况，王明要如何去调整心态，然后完成其工作？

资源 4-12　引入动画

任务分析

客户忠诚度是客户满意度的最直接的衡量指标，也是汽车服务企业是否优秀的表现，所以，在本任务中，王明对流失客户的处理，不仅仅是他个人的问题，也是他们销售企业在客户心目中地位的体现，而这恰好就是培养客户忠诚度的问题。

学习目标

知识能力	专业能力	社会能力
1. 掌握利用多种信息化平台进行自主学习的能力 2. 具备制订工作计划、独立解决问题和实施计划的能力 3. 具备运用多种资源解决实际问题的能力 4. 具备准确的自我评价能力和接受他人评价的能力 5. 具备独立思考的能力	1. 能够运用专业的知识进行客户电话工作 2. 掌握"客户忠诚度""汽车行业客户忠诚度""流失客户管理""客户价值管理"等客户研究的知识和技能，能熟练运用所学知识提升客户忠诚度并对客户进行价值分类管理	1. 树立服务意识、效率意识、规范意识 2. 强化人际沟通能力、具备维护客户关系的能力 3. 具备团队意识、沟通能力 4. 具备爱岗敬业的职业道德和严谨、务实、勤快的工作作风 5. 具备自我管理、自我修正的能力

项目四 提升客户满意度与忠诚度

一、了解客户忠诚度

（一）认识客户忠诚度基本知识

1. 客户忠诚度及客户忠诚度管理的基本内容

客户忠诚（Customer Loyalty）简称 CL，其主要内容可表述为：企业应以满足客户的需求和期望为目标，有效地预防和消除客户的抱怨和投诉，不断提高客户满意度，促进客户的忠诚度。客户忠诚度，又可称为客户黏度，是指客户对某一特定产品或服务产生了好感，形成了"依附性"偏好，进而重复购买的一种趋向。而客户忠诚度管理，是指对客户忠诚的程度的管理，是一个量化概念。美国资深营销专家 Jill Griffin 认为，客户忠诚度是指客户出于对企业或品牌的偏好而经常性重复购买商品的程度。真正的客户忠诚度是一种思想行为，而客户满意度只是一种情感态度。根据数据统计，当企业挽留顾客的比率增加 5% 时，经济获利便可提升 25% 到 100%。许多研究学者更是直接表示，忠诚的顾客将是企业竞争优势的主要来源。由此可见，保有忠诚度的顾客对企业经营者来说是相当重要的任务。客户满意度与忠诚度的关系如图 4-2-1 所示。

资源 4-13　课件

资源 4-14　微课

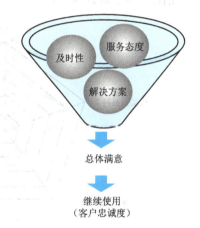

图 4-2-1　客户满意度与忠诚度的关系

2. 客户忠诚度的基本表现

（1）客户忠诚是指消费者在进行购买决策时，多次表现出来的对某个企业产品和品牌有偏向性的购买行为。

（2）忠诚的客户是企业最有价值的顾客。

（3）客户忠诚的小幅度增加会导致利润的大幅度增加。

（4）客户忠诚营销理论的关心点是利润。

建立客户忠诚度是实现持续的利润增长最有效的方法。企业必须把做交易的观念转化为与消费者建立关系的观念，从仅仅集中于对消费者的争取和征服转为集中于消费者的忠诚与持久。

3. 客户忠诚度的五大要素

1) 服务质量

（1）产品质量。销售前中后的静态体现，是客户忠诚度要素。

（2）服务水平。销售前中后的流程设计。

（3）技术能力。销售前中后的动态体现。

069

2）服务效果

服务效果即客户内心感受的满足度，可以参考消费需求心理的诸多指标。

3）客户关系维系

（1）互动的同理心态。

（2）相对的盟友关系。

4）理念灌输

（1）产品（品牌）本身确认。

（2）服务（供应）商的确认。

5）持续的良性心理刺激及增值感受

4. 客户忠诚度的量化指标

客户忠诚度一般可运用三个主要指标来衡量，这三个指标分别是：

（1）整体的客户满意度（可分为很满意、比较满意、满意、不满意、很不满意）；

（2）重复购买的概率（可分为70%以上、70～30%、30%以下）。

（3）推荐给他人的可能性（很大可能、有可能、不可能）。

可用图4-2-2调查客户忠诚度。

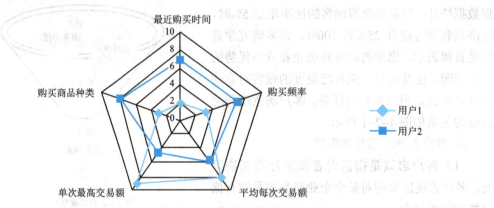

图4-2-2　客户忠诚度调查

5. 客户忠诚行为分类

在商业行为中，主要有四类不同程度的客户忠诚行为：冲动型忠诚、情感型忠诚、认知型忠诚、行为型忠诚。客户忠诚度金字塔如图4-2-3所示。

资源4-15　讲解动画

这四种客户忠诚有着以下一些特点：

1）冲动型忠诚是基于意向的忠诚，也就是说人们倾向于购买

冲动型忠诚的客户决策过程比较简单，非常容易受外在因素的影响，尤其是与价格相关的促销。对于冲动型忠诚者来说，往往竞争对手的一个更优惠的价格促销信息就可能把这个顾客吸引过去。

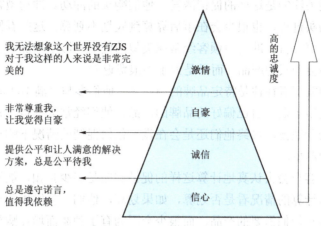

图 4-2-3　客户忠诚度金字塔

　　2）情感型忠诚是基于偏好的忠诚，人们是因为喜欢而去购买

　　情感型忠诚的客户决策主要取决于客户对于企业或企业产品的态度。一位渴望拥有哈雷摩托车的年轻人，可能会一直保持着对哈雷摩托车非常强烈的购买意愿，于是身上穿的衣服、戴的手表都是哈雷戴维森品牌的。

　　3）认知型忠诚是基于信息的忠诚，认知型忠诚是理性的忠诚

　　他们是基于对商品的功能特征、性价比等具体信息的了解而产生的购买行为。他们很多时候像一个产品专家，不仅了解产品的功能，还进行各种资料的收集研究来了解产品的差异性和技术特性，他们甚至比产品销售人员更清楚产品的性能、哪里存在缺陷等。他们会综合考虑各种因素，最终产生了这个产品更适合自己的认知，从而形成忠诚的购买行为。一旦市场上存在更好的产品，他们也会去仔细研究和比较。

　　4）行为型忠诚是基于行动的忠诚，客户已经形成了一种购买惯性

　　客户为了购买这样的产品往往需要付出努力，或是克服一定的障碍。行为型忠诚的客户，在一定程度上已经形成了购买企业产品的习惯。这样的客户为了购买企业的产品或服务，愿意克服一些障碍，比如愿意为了企业发布的某个新产品排队等待很长时间。

　　与冲动型忠诚和情感型忠诚相比，认知型忠诚和行为型忠诚都显得更加理性，这样的理性忠诚通常可以持续更长的时间。冲动型忠诚的客户忠诚程度最低，持续的时间较短；行为型忠诚的客户忠诚程度最高，持续时间也最长。对于企业来说，最有价值的还是从行为维度上定义客户忠诚。这样，企业就可以通过策划有利于企业收益的营销方式，来影响客户未来的行为。了解了这四种客户忠诚的行为，我们就能在营销中分辨出客户的忠诚行为差异，并且采取不同的营销策略来吸引不同类型的客户。

　　根据上面讲到的不同的客户忠诚行为，我们再来分析案例，就可以知道商家的折扣为什么如此吸引客户，这是因为现实中有许多偏好实惠的冲动型购物人群，商家就是利用了人们的这种心理，来吸引购物中心中最主流的人群——冲动型购买者。

　　事实上冲动型忠诚的购买者根本就不会去计算"满100送50"是多少折，通常他们也

算不清楚，他们更关注的是这样的促销激发了他们购买的冲动。冲动型客户以女性占比偏多，她们更看重购买过程，也很少会在事后算算到底划不划算。这些看似有着节约倾向的顾客反而在消费上更盲目，冲动型顾客经常在类似的促销刺激下增加购买数量，他们会购买许多平时根本不会购买的产品，而只是为了不浪费返券。

情感型忠诚的购买者往往是特定品牌的偏好者。他们参与"满100送50"的活动而使用返券，也主要是用于购买自己偏好的品牌的产品，他们经常会为自己喜爱的品牌没有参与这样的活动而表示遗憾，最终他们还是会在没有任何促销的情况下购买喜爱的品牌。果粉就是这种类型的典型。

认知型忠诚的客户会去认真地计算这样的促销到底是多少折扣，能够帮他们真正节省多少钱，然后根据计算的情况看是否划算，如果划算，他们才会发生购买行为，而且他们大多数情况下只购买他们需要的产品，而很少会因为有了刺激而增加购买。认知型客户通常能够通过精心策算得到接近最大程度的折扣，但这样的客户比例远远小于10%。

客户忠诚行为案例如下：

"满100送50"

某汽车经销商在售后推出了回馈活动,每次消费满100元赠送50元工时抵用券,可以在下次消费时抵用。这是我们比较常见的促销方式，大多数的客户对于这种买返的促销方式乐此不疲，收到短信后都选择了进店消费，这是为什么呢？

我们先来理解一下"满100送50"到底是多少折？有人说是五折，有人说是不到七折，还有说是七五折，那么到底是多少折？

如果考虑到经销商通常的返券使用规则：再次消费满100元才可以使用50元的消费抵用券。这意味着你最多可以花150元现金拿到200元商品，最高的折扣率被控制在75折。如果考虑到最极端的情况，累计花费了350元，只买到不足400元的商品，那么折扣率只有87折。在实际情况中，经销商最终的实际折扣率在85折左右，要是再考虑一定数量的返券根本没有使用，经销商的实际折扣率甚至在九折左右。

为什么一个实际只有85折左右的促销活动，在被冠以"满100送50"的噱头之后，就会显得更加吸引人呢？又吸引了哪些人呢？

（二）构建汽车行业客户忠诚度模型

1. 售后服务忠诚度模型的研究意义

较大多数行业而言，汽车消费属于"大宗"消费的范畴，单价高、消费频次低、消费需求差异化明显，客户的价值贡献也不仅在于销售，售后的价值也至关重要，甚至要远远超过销售贡献，这些都注定了汽车行业中售后服务忠诚度的商业价值。

汽车售后服务市场的业态相当复杂，既包括厂商和经销商体系提供的维修、保养、美容、置换、二手车等服务，也包括独立于厂商和经销商体系之外的更多中小型连锁机构和门店提供的服务，如快修店乃至简易的路边店等，甚至诸多的汽车相关产业也在觊觎这块大蛋糕（如加油站、洗车行等也纷纷进入这一领域并且提供更丰富的产品和服务）。

关于中国汽车售后服务市场的规模，有专家认为，其规模在几千亿人民币的量级，也有研究机构认为早已超过万亿的规模。无论如何，这个千亿乃至万亿规模的庞大市场正在不断地发展和成熟。

汽车售后服务市场的商业价值不仅仅在于其庞大的市场规模，更在于其丰厚的利润回报。在国际上较成熟的汽车市场价值链中，售后服务（含二手车等业务）的利润贡献达到甚至超过50%，但我国仅为30%左右，中国的汽车售后服务市场尚有较大提升空间。以国内某上市经销商集团为例，其整车销售和售后服务的营业比约为10:1，而反过来，二者的利润率为1:10，二者对企业的利润贡献大体相当，且售后服务业务还有不断抬头的趋势。

在整个销售市场徘徊不前的大背景下，售后服务市场对汽车厂商和经销商显得尤为重要。而汽车客户的服务消费特点是，出于对成本、地域、时间等方面的综合考虑，在首保期过后，他们往往不再选择厂家授权店进行维修和保养等服务。大量客户的流失，已经成为汽车厂商和经销商们无法回避的商业课题。相关的调查结果显示：平均而言，车主在购车第三年后的流失率超过30%，而如果客户流失率降低1个百分点，相关的利润挽回过万。

由此我们可以导出，测算汽车客户售后服务流失的倾向或概率，并基于客户的流失原因和方向，采取不同的有针对性的服务和营销策略，以期维系、挽留甚至挽回客户，正是售后服务忠诚度模型（或客户流失预警模型）的核心思想及其应用。

需要特殊说明的是，高级轿车，尤其是豪华车和超豪华车的售后服务圈子窄小，普遍的售后服务流失率较低，即使出现流失，也往往是体系内流失，而非体系外流失。而小型汽车的车主大多是价格敏感型客户，售后服务流失率较大，如果厂商和经销商不能在服务价格方面有所控制，那么再好的防范流失措施也是徒劳。

2. 售后服务忠诚度模型的核心思想

售后服务忠诚度模型的核心思想是通过数据挖掘的方法来测算每个客户的流失倾向，并结合一定的数据分析、市场研究和市场营销策略，以期制定有效性强、可执行性高、营销投资回报率最大化的客户提升与保留方案。在这里，上述工作缺一不可，而数据挖掘则是核心中的核心。

通常来讲，数据分析均指描述性统计分析，其目的是总结过去、了解现状，对客户信息进行盘点式分析，并了解当前客户的维修保养习惯、客户流失及保有现状，如计算当前客户保有率、客户流失率等。对于保有的客户，还可细分为若干价值等级进行分析。通过对海量数据的分析，可以帮助汽车企业在宏观上掌握自身的客户保持情况，为营销策略的制定提供战略性参考依据。

而数据挖掘则偏重于预测性统计分析，其目的是预测未来。客户的行为状态在不断变化，当前的活跃客户，很可能会在未来转化为流失客户，反之亦然。数据挖掘模型可以根据客户过去和当前的行为特征，推断其未来流失的可能性。相比较而言，数据分析是宏观层面的统计，数据挖掘则是微观意义的建模。通过数据挖掘模型可将客户细分为差异化的群体，如高流失客户群、稳定客户群、摇摆客户群等。若再结合客户价值的建模，可进一步将客户细分为高价值高流失客户群、低价值高流失客户群、低价值低流失客户群等。由此，数据挖掘技术为汽车企业制定精细化、差异化营销策略提供了方向性的指引。

市场研究的目的是探究用户行为的深层次原因。通过数据分析，企业可以掌握当前客户流失及保有的现状；通过建立数据挖掘模型，企业可以获知未来客户的流失状态。然而，这些现象的背后隐藏着更深层次的原因：客户为什么会流失，他们流失到哪里，等等。通过抽样调查和深访等市场研究手段，可以帮助汽车企业找寻答案，并为企业制定更具吸引力、更迎合客户心理的营销策略提供参考依据。

基于对客户保留现状、客户未来流失可能性、客户行为动机三方面内容的掌握和了解，汽车企业便可进行售后服务的改进和服务模式的创新，并可针对不同的客户群体制定更有针对性的精细化营销策略，开展相关的营销活动。同时，汽车企业还可以开展长期的客户跟踪，评估不同营销活动的效果，以期更好地掌控客户状态，降低客户流失率。在一定的业务周期后，还可开展下一轮的客户保有及流失分析、模型调研、市场调研、营销策略调整等工作，实现真正的闭环式的客户关系管理流程。

3. 售后服务忠诚度模型的构建流程

如上所述，售后服务忠诚度模型的核心是数据挖掘部分，是针对未来的预测。在汽车行业中，其建模的流程大体如下所述：

1）在建模之初，第一步也是最关键的一步，便是流失的定义

由于品牌、车型的不同，售后服务政策和统计口径的差异，每个厂商对于客户流失均有不同的理解。客户流失定义的原则应具有实际意义，并且具有相关的数据和信息做支持（企业内部的信息化系统更迭和统计口径的变更都会对其产生影响）。定义客户流失的一般思路是：考察时间窗、售后服务内容、客户行为这三个维度的组合，例如客户在多长的时间内没有发生任何维修保养行为。在对流失进行定义时，还需明确客户的流失是品牌层面的流失（即体系外流失）还是经销商层面的流失（即体系内流失），这两种流失的分析流程和计算结果都存在很大的差异。若企业需要对品牌层面的流失进行建模，则可综合考虑全国的情况并建立统一的预测模型，或者为每个子品牌分别建模，而地域或经销商的差异则体现在模型的细微调整中。若主要考虑经销商层面的流失，理论上应该为每家经销店建立一个模型，但这种建模方式成本巨大；出于成本的考虑，可在同一区域或同一级别的经销店中共用一个模型，但模型的精度会存在一定的损失，模型的精度和普及度很难两全。

在定义客户流失时，时间窗的选择也至关重要，通常会考虑 6 个月、9 个月或 12 个月作为参考（同时，这种时间窗可以是基于某个时点的静态时间窗，也可以是基于某种行为的动态时间窗）。同时，在确定时间窗时应充分考虑数据质量、车型特征、厂商的维修保养政策等内容。时间窗的确定需要反复地计算和对比，以期确定最优的时间窗口。

2）数据准备

执行数据挖掘工作，需要企业准备历年的维修履历信息、维修收入信息、售车信息、客户属性信息、经销店信息、车型信息、车辆保险信息等多方面的数据内容。对这些信息进行关联和整合（如清洗、集成、转化和归约等），可全面探索客户维修保养行为及规律，深入探寻影响客户行为的关键因素。同时汽车企业的IT部门或者业务系统的提供商，应对建模给予大力配合与支持。

3）客户流失保有分析

通过数据分析可帮助企业多方位、多角度地了解客户维修保养习惯、客户保有情况、客户流失情况。数据分析的核心是KPI（如客户年均保养次数、客户年均行驶里程、客户平均维修单价等）与维度（如区域、车型、车龄等）的交叉组合分析。从分析结果中，企业可以总结出各区域、各车型间的客户行为差异，以及客户维修保养习惯和客户流失保有情况随车龄的变化趋势等，帮助企业了解客户的维修保养行为与企业的维修保养政策是吻合还是相悖。同时，数据分析的结果也便于数据挖掘人员进行更好的商业理解，为建模做好准备，也可以辅助建模的结果，更好地指导营销工作。

4）客户流失预测

通过数据挖掘技术可预测客户的流失概率。首先要设计预测指标，预测指标的确定既依赖于对数据的理解，又依赖于对汽车行业的商业理解。预测指标可分为行为指标与属性指标两类，行为指标包括：维修次数、保养次数、维修次数增长率、保养次数增长率、最后一次入场距今时间、最后一次入场行驶里程等；而属性指标则包括：车型、车龄、区域、购车经销店、上次入场经销店、车辆是否易主等。若预测指标的逻辑化值偏多，则可以采用逻辑回归算法；若企业数据量庞大，且对模型的实时性要求较高，则可以采用神经网络等算法。总之，建模及其方法的选择完全依赖于实际的业务需求。

5）售后服务市场研究

基于分析和预测的结果，可以在具有差异性的客户群体中分别选取样本，设计相应的调研问卷并实施，以进一步分析客户行为产生的原因并合理地解释模型的结果。

如针对流失客户，应侧重了解客户流失的原因是什么、流失的方向在哪里、客户对（非）4S店的评价、客户在什么条件下还会再选择4S店等；而对保有客户，可侧重了解客户对现阶段的服务是否满意、4S店在哪些方面需要改进、客户以后还会不会选择4S店等。通过市场研究的方法，还可以帮助企业了解客户在选择维修保养地点时更关注什么（如专业性、费用、便利性、时效性、还是服务态度等）、目前的售后服务中哪些流程和环节存在不足、4S店的优势和劣势分别是什么、赢回或挽留客户所需的改进措施，等等。

6）营销策略制定

通过上述的一系列动作，企业可将客户细分为差异化的群体，并且获知每个群体的关注重点。由此可制定更具有针对性的营销策略。营销策略可以是企业层面的，比如适当的降价、相应的促销活动、提高4S店维修保养操作的透明度、收费的透明性等。而相关的客户关系管理也有一些策略，如车主关爱活动、车辆知识讲座、赠送礼品、在线问题解答、成立车主俱乐部等。

7）客户忠诚度的落地：客户俱乐部

客户俱乐部是承载汽车客户关系管理的有效平台，它绝不是一次简单的客户探险活动策划，也不是简单的节日客户关怀，而是一个平台、一个系统、一套行之有效的机制。汽车企业应该学习电信、金融、航空甚至电子商务等行业的成功经验，建立自己的统一的客户俱乐部：它可以融厂商、经销商和客户为一体，进行全面综合的管理；它可以收集和客户行为有关的一切信息资源并加以统一的分析和规划；它可以整合所有的客户接触点（如企业的多媒体中心、经销商的呼叫中心以及诸多的点对点客户营销通路），形成高效统一的客户界面；它可以将企业的营销策略快速分发并有效管理，形成全国一盘棋的局面；它可以对客户的行为进行有效的积分和兑换管理，以期不断唤起客户的兴奋状态，并把客户长久地保留在自己的体系之内。最终，它应该实现汽车企业客户关系管理的常态化、体系化、信息化、闭环化和精准化。客户忠诚度模块如图 4-2-4 所示。

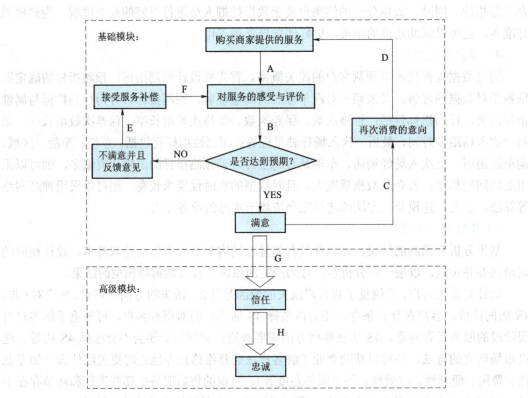

图 4-2-4　客户忠诚度模块

二、汽车流失客户管理

汽车流失客户图如图 4-2-5 所示。

（一）管理汽车流失客户的重要性

汽车行业的根本就是客户，客户是企业的根本资源，也是企业最大的"无形资产"。客户流失，也就意味着企业资产流失，因此流失客户管理分析十分重要，进行流失客户管理的目的就是避免客户流失，提高企业的盈利水平和竞争力。

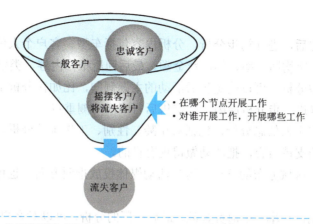

图 4-2-5　流失客户图

（二）界定汽车流失客户

通常每位客户每年回厂 4 次及以上，也就是说，客户每 3 个月回厂一次，针对三级市场的特殊性，可以将 6 个月至 12 个月未回厂的客户定为存在流失风险的客户，将 12 个月以上未回厂的客户定义为流失客户。

客户流失率=（上月有效客户+本月新增客户−本月有效客户）/本月有效客户×100%

（三）汽车客户流失后的分析流程

1. 目标客户选择

通过对售后总档案细分以及流失客户定义来确定流失客户目标并进行统计。

2. 汽车客户流失原因调查实施

1）调查方法

（1）电话调查；

（2）举办活动，邀请客户到店；

（3）亲访。

2）调查内容

（1）未回厂原因；

（2）未回厂期间是否进行过修理；

（3）进行了哪些修理；

（4）在哪里进行的修理；

（5）为什么选择在其他地方进行修理而不回厂。

3）调查结果

客户到其他地方维修的主要原因，如企业服务差、维修水平低、价格高、路途远、保险公司指派等；

客户目标选定后，进行初步分析，分析内容包括车型、客户个人信息、客户类型、客户所在区域分布、年均回厂率、年消费金额、最后回厂维修内容、类别、时间等。

（1）通过车型分析，可以确定售后活动的主题倾向，比如在分析中发现某种车型的流失客户较多，可以进一步分析原因，确定售后召回活动侧重点。

（2）通过客户个人信息分析，包括对年龄、性别、工作等的分析，可以为售后具体活动细节提供有效的支撑内容，把活动做得更有目的。

（3）通过客户区域分布的分析，可为活动媒体投放指明方向，也可为分析客户流失原因做出提示。

（4）通过年均回厂率、年消费金额、最后回厂的分析，可以对客户流失原因进行细化。

3. 整改方案的制定与实施

1）服务方面

加强培训，强化业务流程，提高业务人员对服务态度的认识；增强对业务人员的考核力度，将服务质量与个人的绩效挂钩；有针对性地对流失客户进行挽回活动。

2）质量方面

提高维修质量，加强维修结束后的质检制度；定期检查维修水平，并进行相关的培训，提高维修能力；对配件等产品的进货渠道严格把关，不使用伪劣、仿冒产品。

MOT（关键时刻）

关键时刻（Moments of Truth，MOT）这一理论是由北欧航空公司前总裁詹·卡尔森创造的。他认为，关键时刻就是顾客与北欧航空公司的职员面对面相互交流的时刻，放大之，就是指客户与企业的各种资源发生接触的那一刻。这个时刻决定了企业未来的成败。卡尔森在1981年进入北欧航空公司担任总裁的时候，该公司已连续亏损且金额庞大，然而不到一年的时间，卡尔森就使公司扭亏转盈。这样的业绩完全得益于他让北欧航空公司的员工认识到：在一年中，在与每一位乘客的接触中，包含了上千上万个MOT，如果每一个MOT都是正面的，那么客户就会更加忠诚，为企业创造源源不断的利润。总而言之，MOT是一个关键指标，是对客户导向的具体衡量，因为对客户而言，他只会记住那些关键时刻。

观看视频《接见》，分析错误场景中的细节，你认为应该从哪些方面提高客户满意度、培养忠诚度？

资源4-16 《接见》
演示动画

项目五
购车客户回访与客户关怀

当客户完成购车之后,维系客户关系的工作已然拉开了帷幕。在客户价值管理中,我们曾经分析过,对于经销商来说,通过客户购买新车获得的利润仅仅只是得到了客户的基本利润贡献,而后期价值贡献更大,后期价值贡献包括售后服务、汽车美容、汽车保险等,客户的终身价值获取更是经销商的目标。通过本项目的学习,学生要以购车客户回访的实际工作流程及客户关怀的方式方法展示出如何在客户购车过程结束后,进一步加强客户关系管理。

任务 5-1　新车购车客户回访

任务引入

赵先生在热闹的交车仪式后把新车开心地开回去了，同事、邻居、朋友都来关心询问，赵先生对新车也比较满意。此时，售后工作才刚刚开始。客户的车辆用得怎么样？有没有遇到什么问题？前几天的销售过程有没有什么让客户不够满意的地方？经销商有没有还可以再改进的地方？在新车磨合期，客户知道怎么更好地养护好车辆吗？快到首保了，客户是不是还记得？需要提醒一下他按时进厂吗？可以说，从客户提车回去的那天起，以回访为主要形式的客户关怀就开始了。

资源5-1　引入动画

任务分析

客户刚刚提到车，既有买新车的兴奋，又有对使用和服务不太了解的不安，需要和经销商进行沟通，这是开展客户回访的好时机，所以，在提车后不久进行回访，能让客户感到提车离店后依然受到关注，不至于产生买车前热闹而买车后冷落的失落感。因此，在客户购车后，应及时开展相关的回访工作，以便及时增进与客户的联系。本任务通过细化新车购车用户的问题，切实把关怀客户落到实处。

学习目标

知识能力	专业能力	社会能力
1. 掌握客户销售回访和维修回访的内容、相关流程和注意事项 2. 掌握客户回访问卷，销售满意度、服务满意度、客户管理满意度问卷设定的要点	1. 学会在客户回访管理工作中独立制作规范回访流程 2. 学会在客户回访管理中根据实际情况和要点制作规范的客户回访问卷	1. 树立服务意识、规范意识 2. 强化人际沟通的能力，具备维护客户关系的能力

项目五
购车客户回访与客户关怀

续表

知识能力	专业能力	社会能力
3. 熟悉客户回访分析的具体内容 4. 了解客户回访的技能，以及压力缓解和调适的方法	3. 懂得利用客户回访问卷提供的信息进行客户回访分析 4. 学会基本的客户回访技能，在学习过程中加强这些技能的锻炼和提高	3. 具备维护组织目标实现的大局意识和团队意识

相关知识

新车客户回访指从客户新车交车起，到首保前的这两三个月的时间中，经销商和客户之间的沟通。这个阶段客户对经销商比较依赖，有效的回访互动能够促使双方的关系快速升温。

一、了解新车客户购车回访

为了解客户的真实意见，为管理层提供真实数据，汽车厂家都会要求经销商等服务机构对客户的意见进行统计分析，一般来说，经销商会根据情况进行客户销售回访与客户维修回访两类。在此我们侧重对销售回访也就是针对新车客户回访进行详细讲解。

资源5-2 课件　　资源5-3 微课

客户购车结束后，既有买新车的兴奋，又有对车辆使用和服务不太了解的不安，这需要和经销商之间的沟通，这是开展客户回访的好时机。除了对车辆使用状况的简短回访外，还可以开展客户对销售过程的满意度调查、客户资料详细收集等需要客户较高配合度的工作。通过回访，可以帮助经销商完善收集的客户信息，进一步了解客户需求，也可以发现经销商自身在经营服务过程过程中存在的不足，从而加以改善和提高服务质量。而且这种提车后不久的回访，能让客户感到提车离店后依然受到关注，不至于产生买车前热闹而买车后冷落的失落感，更好地维系客户关系。因此，新车客户回访工作意义重大。

（一）新车客户回访的作用

1. 让客户安心和满意

对新车客户进行及时的回访，对客户在车辆使用中存在的疑问进行及时回应，能进一步提升客户满意度，从而为维系客户关系打下基础。

2. 进一步完善客户信息，收集个性化信息

在新车客户回访中，不仅仅对客户进行车辆使用情况的了解，也能收集到更多客户信息，进一步完善客户资料，掌握一些个性化的信息，便于后续售后工作的展开。

3. 了解客户初期使用问题，及时解决客户困惑

客户在刚刚使用车辆的过程中，不可避免地会遇到一些技术性和专业性的问题，此时开展的回访工作可以解决客户疑问,提升服务效果。

4. 可以加强客户调查,逐步提高服务能力

在对客户信息资料完善的基础上,可以进一步了解客户对于经销商在服务质量和服务策略方面的意见和建议,从而给经销商提升未来服务的能力提供第一手的资料。

5. 引导客户参保,开展定期保养工作

在客户回访的过程中,可以了解客户对车辆使用的基本情况,拉近与客户的距离,引导客户参与到后期的售后服务中。

(二)新车客户回访工作要点

(1) 通过回访了解客户对销售服务的感受,询问客户有何疑问并予以解答;
(2) 加强与客户的联系,使客户感受到服务的持续性;
(3) 跟踪客户购车后的使用情况,及时解决客户反映的问题;
(4) 按要求完成资料收集;
(5) 购车回访率100%;
(6) 购车回访满意率不低于90%;
(7) 回访时使用统一表格;
(8) 回访数据每周、每月进行统计分析,并填写回访统计分析表。

(三)新车客户回访时间节点及重点回访内容

参看表5-1-1。

表5-1-1 新车客户回访时间节点及重点回访内容

时间节点	重点回访内容
交车后三日(3DC)	1. 再次表达对客户的感谢 2. 了解车辆使用和上牌中是否存在需要帮助的问题 3. 进一步完善客户档案及其他信息
交车后七日(7DC)	1. 提示磨合期注意事项 2. 推荐参加爱车讲堂活动 3. 了解客户对销售服务过程中的满意度,发现销售过程中存在的问题,以指导经销商改进销售工作
交车后一个月	1. 了解车辆在使用过程是否存在需要帮助的问题 2. 了解客户车辆使用习惯,为定期保养提醒做参考 3. 介绍首保和预约服务,培养客户定期保养的意识
首保前一周	提醒并预约首保时间

二、各期回访详细的流程分解和动作标准

(一)交车后三日回访

客户在交车的大约一个小时内,被拥有新车的快乐和兴奋所包围,在短时间内要接受

大量的信息，如新车使用介绍、新车质量确认、服务介绍、保养常识、新车资料、上牌过程、客户档案等，能真正消化的内容不太多。经过三天的使用，客户对驾驶操控的一些问题开始逐渐明确，会有一些使用方面的问题想与经销商沟通。而且，还有不少客户还没有来得及办理完上牌手续，也希望进一步跟经销商了解和确认。

资源5-4 课件

此外，这是对车主的第一次致谢和回访，客户对回访一般会比较配合，可以利用这样的机会尽力完善客户信息，对于后期客户关系维护的开展都是有帮助的。

回访人：销售顾问。

资源5-5 微课

1. 回访前准备

（1）提前一天筛选要回访的客户名单。原则上第 N 天交车，$N+2$ 天整理名单，$N+3$ 天回访；按照提车日期顺序整理，对于客户明确表示希望有回访时间段的，按照客户声明的时间段列入回访计划。

（2）熟悉客户的一些基本信息，如客户性别、年龄、性格特点等，熟悉客户选择的车型及功能特点、保修政策等，以备个性化的回访。

（3）梳理并熟悉回访话术。

（4）准备回访工具，如待完善的客户信息卡、出现客户抱怨的投诉记录单等，以备在回访过程中使用。

2. 进行回访

（1）在合适的时间致电客户，原则上不在客户上下班和晚上打电话。如果客户对致电时间段有明确要求的，按照客户要求的时间段回访。

（2）首先表示感谢，并询问客户在车辆使用中是否存在问题或者不清楚的地方，给予客户说明和解释，如果客户有抱怨的，做好记录并转入投诉处理流程。

（3）询问客户车辆是否上牌，如果有疑问或者需要经销商协助的地方，记录下来并尽快安排。如果已经上牌，记录下牌照号。

（4）对照客户信息卡，与客户沟通了解还没有完善的客户信息，并及时更新到客户信息卡中。

（5）再次表示感谢。

销售顾问与客户接触的时间较长，关系比较熟，这种3DC的初次回访最好由销售顾问来执行，可以用比较宽松的方式沟通，以强化和客户之间的感情联系。

回访过程中很可能会遇到客户提出对产品或者服务的抱怨，如提出车辆交车时没有发现的面漆色差、钣金间隙过大等质量瑕疵。遇到客户抱怨时，首先要向客户表示歉意，然后详细地记录下客户投诉的内容，并承诺尽快给客户联系处理，随后转入投诉处理流程，并及时回复客户处理的进度。

资源5-6 销售满意度回访音频

"您好，×先生（小姐），我是×××店的销售顾问×××，请问您现在方便接电话吗？"

（客户表示不方便）："不好意思，打扰了。您看什么时间方便，我再与您联系吧？"（记下客户方便的时间）

（客户表示方便）："首先感谢您购买我们的×××汽车。请问这几天您的车辆用起来有没有什么问题？比如有什么功能不太会用？或者有什么不清楚的地方？"（记录并解答客户疑问）

"您的新车上好牌照了吗？上好了的话，请告诉我记一下，这样以后您到店做服务的时候，方便服务人员识别，如果没有上好牌照的话，还有什么不清楚的或者需要我们协助的吗？"（记下客户的车辆号，更新在客户信息表中）

（翻阅客户信息卡，发现客户没有填写兴趣爱好）"您好，先生，您平时都有些什么爱好吗？比如下棋、打球等，我们经常会组织一些类似的客户活动，到时候欢迎您参加，也可交些朋友。"（记下客户未完善的部分信息，更新在客户信息表中）

"好的，再次谢谢您，如果还有什么问题，欢迎随时与我或者我们的服务热线联系。"

3. 回访信息整理

（1）在回访过程中，与客户沟通的时间和内容，都要详细地记录在表5-1-2所示的新车回访信息记录表中。

表 5-1-2　新车回访信息记录表

回访人：_____

编号	客户姓名	联系电话	购车日期	回访日期	牌照	使用疑问或投诉抱怨	备注

（2）更新完善客户信息卡，同步更新到 DMS 系统中共享。

（3）整理、汇总客户反馈的问题，发到相应部门协调处理，按承诺的时间处理。

（4）未完成回访的客户，重新排入下次回访队列。

（二）交车后七日回访

第二次回访一般安排在交车后一周进行。由于客户的用车问题在 3DC 回访中基本上得到了解决，在本次回访中，客户对车辆的问题一般会较少，而且交车后时间不久，对交车日的过程基本上记忆犹新。这次回访主要询问客户对销售过程的感知，了解客户对销售过程的满意度，发现不足并改进。

资源 5-7 课件　　资源 5-8 微课

回访人员：客服中心回访员。

1. 回访前准备

（1）提前一天筛选要回访的客户名单。原则上第 N 天交车，$N+6$ 天整理名单，$N+7$ 天回访；按照交车日期顺序整理，对于客户明确表示希望有回访时间段的，按照客户声明的时间段列入回访计划。

（2）熟悉客户的一些基本信息，如客户性别、年龄、性格特点等，熟悉客户选择的车型及功能特点、保修政策等，以备个性化的回访。

（3）查阅 3DC 回访记录表，了解 3DC 回访中客户有没有提出特别的事项，如反映某功能不会使用，反映车辆存在异响、色差、钣金间隙过大等瑕疵。与 3DC 回访的责任人确认处理进度，以备 7DC 回访中客户进一步了解。

（4）梳理并熟悉回访话术。

（5）准备回访工具，如待完善的客户信息卡、出现客户抱怨的投诉记录单、销售满意度调查文件和记录表等，以备在回访过程中使用。

2. 进行回访

（1）在合适的时间致电客户。原则上不在客户上下班和晚上打电话。如果客户对致电时间段有明确要求的，按照客户要求的时间段回访。

（2）如果还没有登记客户车牌号，询问客户车辆是否上牌，如果有疑问或者需要经销商协助的地方，记录下来并尽快安排。如果已经上牌，记录下牌照号。

（3）对照事先准备好的销售满意度调查回访问卷，逐项回访客户对销售过程各环节的满意度，详细记录下客户的答复。

（4）向客户表示感谢。

销售满意度回访问卷

首先是对销售顾问的评价，请您对以下问题分别给予评价，最高分 10 分，最低分 1 分。

① 当天接待您的销售顾问是×××，您对他的服务态度感觉怎么样？是不是专心、热情？可以打几分？

② 他的专业技能如何？对汽车配置、优点及竞争车型的专业性了解和介绍，交车过程中销售顾问对您提出疑问的回答能力，可以打几分？

下面是对交车过程的评价。

③ 从您进店，到您提车离开，交车过程总共花了多久？

④ 您到店后销售顾问是否详细地介绍了交车大致过程和所需时间？这项可以打几分？

⑤ 交车时销售顾问详细解释车辆信息，包括内饰、配置、功能使用等，并进行车辆示范操作，这项可以打几分？

⑥ 售后服务的介绍是否完整、清晰？这项可以打几分？

⑦ 车辆交付给您时的整洁程度，可以打几分？

⑧ 对整个交车过程的综合评价，您的满意度如何？能打几分？

最后是一些其他问题。

⑨ 您是从哪里得到我们的销售信息的？报纸、电视、广播、网站，还是朋友介绍？

⑩ 最终让您下决心购买这部车最主要的原因是什么？

资源5-9　参考话术音频1

资源5-10　参考话术音频2

调查结果登记表根据问卷设计的内容而定，方便记录和统计即可。以上面的回访问卷为例，销售满意度调查结果登记表如表5-1-3所示。

表5-1-3　销售满意度调查结果登记表

回访人：									
序号	客户姓名								
	服务顾问姓名								
1	服务顾问态度								
2	服务顾问专业性								
3	交车时长								
4	交车过程介绍								
5	交车检查与说明								
6	售后服务介绍								
7	交车整洁								
8	交车过程整体评价								
9	信息了解渠道								
10	购买主要动因								
	其他建议								
	回访日期								

项目五 购车客户回访与客户关怀

参考话术

"您好，×先生，我是×××经销商的客服专员×××，想了解一下您对购车过程是否满意，大约需要占用您五分钟时间，请问您现在方便接电话吗？"

（客户表示不方便）："不好意思，打扰了，您看什么时间方便，我再跟您联系吧？"（记下客户方便的联系时间，以备下次尽快回访）

（客户表示方便）"还是要再次感谢您购买我们的车辆！"

（发现 3DC 回访时客户的车牌号还没有填）："您的新车上好牌照了吗？上好了的话，请告诉我一下，我记一下，这样以后您到店做服务的时候更方便服务人员识别。如果没有上好牌照的话，还有什么不清楚的或者需要我们协助的吗？"（记下客户的车牌号，更新在客户信息表中）

"您是在××月××日到我们店提车的，当时是我们的销售顾问×××为您服务的。"

"下面有几个关于销售顾问和交车过程的问题，请您做一下评价。"

（按照回访问卷逐项调查，并详细记录。）

"感谢您的宝贵意见，它对于我们提高服务能力会非常有帮助！我们的服务热线是××××××××，如果您有什么问题或者需要帮助的地方，欢迎随时致电我们。"

"另外，我们本月××日有一场面向新车客户的爱车讲堂活动，由我们的专业技师给客户讲解新车的使用保养以及安全驾驶和节油等方面的知识，您有时间参加吗？"（登记客户的报名信息）

"祝您用车顺利，生活愉快！"

3. 回访信息整理

（1）在回访过程中，客户对每个问题的回答都要详细地记录在销售满意度调查结果登记表中。

（2）有细节更新的客户信息卡，同步更新到 DMS 系统中共享。

（3）未完成回访的客户，重新排入下次回访队列。

（4）根据销售满意度调查的结果，每月输出一次月度分析报告。

（三）交车后（*N*+1 月）回访

经过一个月左右的使用，客户对车辆的基本功能已经比较熟悉了，汽车也逐渐融入到客户的生活中，形成相对固定的用车习惯，如大部分客户每月行驶里程基本能稳定下来了。这时对客户的回访，除解答客户对于用车的一些疑问外，应侧重了解客户的用车习惯，告知客户首次保养的重要性，并引导客户按时进厂首保。

资源 5-11 课件　　资源 5-12 微课

回访人员：客服中心回访员。

1. 回访前准备

（1）交车后一个月回访，可以不用精确到每一天，30 天左右开展即可，回访员也可根据自己的时间每周安排一次。回访员提前筛选要回访的客户名单，按照提车日期顺序整理，对于客户明确表示希望有回访时间段的，按照客户声明的时间段列入回访计划。

（2）梳理并熟悉回访话术。

（3）准备回访工具，如新车回访跟踪单、待完善的客户信息卡、出现客户抱怨的投诉记录单等，以备在回访过程中使用。

2. 进行回访

在合适的时间致电客户。

资源 5-13　参考话术音频

参考话术

"您好，×先生，我是×××经销商的客服专员×××。您是在××月××日到我们店提的车，到现在已经一个月了，请问车辆行驶了多少公里了？使用情况怎么样？"

（客户报上目前行驶里程。根据客户日均行驶里程估算首保时间。）

"根据您的用车情况，大概××月××日左右就要到首次保养时间了。首次保养会为您更换机油、机滤、齿轮油等，对于磨合期的新车来说，良好的保养维护对车辆性能稳定是至关重要的。所以，这次保养希望您高度重视，如果您没有按时做首次保养，也会影响到您车辆的保修权利。"

"特别提醒的是，首次保养是我们为您提供的免费服务，不收取任何费用。"

"为了避免高峰期工位紧张，您最好在来之前给我们打电话预约一下，以节约您的等候时间。我们的服务热线是××××××××，欢迎随时致电我们预约。"

3. 回访信息整理

（1）在回访过程中，回访员要将客户反馈的行驶里程以及估算的首保日期等，详细地记录在如表 5-1-4 所示的新车回访跟踪单中。

表 5-1-4 新车回访跟踪单

客户姓名	联系电话	私车	公车	购车日期	$N+1$ 月回访日期	当期里程	首保预计时间	$N+3$ 月回访日期	预约首保日期	预约责任人	首保否

服务顾问：_____ 经销商：_____

（2）布置了DMS系统的经销商，可以将新车回访跟踪单的内容同步更新到DMS系统中，这样，在预计的首保时间前，DMS系统可以自动提示客服人员需要预约的客户名单。

在回访中，如果发现客户对车辆保养比较陌生，愿意多了解些保养知识，可以给客户详细地介绍新车磨合期的注意事项、首保和常规保养的内容等。如果发现客户对车辆比较熟悉，对介绍保养知识不感兴趣，则简单结束回访，仅仅说明我们会在首保期到来前再次跟客户预约。

（四）首保服务提醒

因为按时参加首次保养对车辆发动机正常运作非常重要，所以首保一般都是强制的，而且是免费的，由主机厂承担费用。如果客户未能按时参加首次保养，按照保修政策规定，会影响到客户的保修权利，这就很容易导致客户的强烈抱怨。因此，努力促成客户进厂首保非常重要。

资源5-14 课件　资源5-15 微课

进厂首保也是展现经销商服务能力的重要机会，让客户从一开始就认识到经销商的服务质量远远高于社会修理厂的水平，可以在一定程度上减少客户的流失。

对于首保时间，各品牌车辆可能会有所不同，一般以3个月或5 000公里居多，先到3个月或者先到5 000公里即应该进厂保养。根据客户的用车习惯，在首保日即将到来前，客服人员需要及时提醒客户按时进厂。

回访人员：客服中心回访员。

1. 回访前准备

（1）查阅 $N+1$ 月回访的新车首保跟踪单，根据当时估算或者预约的首保时间，提前一周与客户电话联系首保邀约。

（2）对于布置了 DMS 系统的经销商，N+1 月的回访记录录入后，系统可以自动提醒当期需要提醒的客户名单。

（3）对照近期进厂记录，删除已经进厂保养的车辆清单。

2. 进行回访

在合适的时间致电客户。

资源 5-16　参考话术音频

参考话术

"您好，×先生，我是×××经销商的客服专员×××，两个月前我们通过一次电话的。现在您的爱车差不多行驶 5 000 公里了吧？"

（客户告知目前行驶里程）

"按照车辆使用要求，3 个月或者 5 000 公里就要做首次保养。也就是说，您最好在 ××月××日前后，或者车辆行驶约 5 000 公里的时候进厂保养。"

（如果客户对首次保养的概念不清楚，表示希望再多了解一些，则多介绍一些首次保养的内容、时间和费用等）

"首次保养主要是更换机油、机油滤清器、变速箱油。新车经过 5 000 公里的磨合，需要对发动机进行彻底的保养，这样才能有效地保障后期稳定地工作。另外，我们还会对您爱车的转向、制动、轮胎、空调等进行检查，确保您的车辆状态良好。"

"整个保养时间大概一个小时，如果您按照刚才我们预约的时间来的话，可以节省些时间，否则有可能要稍等一段时间，忙的时候很多工位都是满的。建议您每次来保养之前都跟我们预约一下，尽量减少等待时间。"

"我们的首次保养是免费的，不收取您任何费用。但您一定要按时进厂做首保，如果过了首保期进厂的话，一方面，您要自费；另一方面，如果因此造成的其他故障我们也是不保修的。"

（客户确认进厂首保，与客户预约具体时间）

"您看我帮您预约一下××月××日××时进厂首保怎么样？这个时间合适吗？"

（如果客户表示不方便，适当前后调整，一般要求滞后不超过 500 公里。如果客户表示方便，及时确认预约时间）

"好的，那我就帮您做一下预约登记。您的首保预约时间是××月××日××时，到时候我会提前一天通知您。进厂做首保时，请一定带上您的《保修手册》，我们要做详细记录的。"

"祝您用车愉快，再见。"

（客户提出延期保养）

"新车磨合期也是发动机、变速箱等核心部件的初期运行期，会在机油、变速箱油处沉积较多的杂质，如果不及时更换机油和变速箱油的话，很容易造成发动机、变速箱等核心部件磨损加剧甚至出现故障，对以后的动力性会有影响，油耗也可能会增大。因此我们建议您一定及时保养。确实来不及的，也可以稍微晚一点，在5 000公里上下500公里都可以，再晚的话，可能就影响发动机性能和您的保修权利，而且首次保养也要您自己付费了。"

"尽管您平时行驶得较少，3个月还没到5 000公里，也请您在提车后3个月内及时进厂做首次保养。因为虽然行驶里程不到5 000公里，但3个月以后，一些橡胶件、连接件，还有首次使用的油品也都需要检查更换了。尤其是新车，所以请您即便不到5 000公里，只要满3个月，也一定要进厂做首次保养。"

3. 未邀约成功客户信息整理

（1）无人接听、不方便接听、一直占线等号码，次日继续联系。

（2）空号、错号，转销售部再次跟踪更新。

（3）离首次保养日期尚远的客户，重新估计首次保养时间，排入下次回访计划。

（4）整理新车首次保养跟踪单，把信息登记到DMS系统中。

延伸学习

如何估算首次保养时间？

预计首次保养日期=购车日期+首次保养间隔天数（天数超过3个月，以3个月计），首次保养间隔天数=首次保养规定里程÷日均行驶里程，日均行驶里程=回访时行驶里程÷回访日行驶天数（一个月回访时统计）。

例：客户6月1日购车，7月1日执行一个月回访，客户当时行驶里程为3 000公里。

日均行驶里程：3 000÷30≈100（公里/日）

首次保养间隔天数=5 000÷100=50（天）

预计首次保养日期为6月1日+50天，为8月20日。

1. 确认并登记预计首次保养日

在一个月回访时，将预估的首次保养日期与客户沟通。如果客户没有异议，按照上文预计的首次保养日期与客户确认，如果客户有特殊情况需要协调，最好前后浮动在一周时间内。

把确认后的预计首次保养日期登记在"新车首次保养跟踪单"的"首次保养预计时间"一栏内。

2. 首次保养服务提醒

在首次保养预计时间到来前一周，本例即 8 月 14 日，给客户打电话，提醒客户即将到首次保养时间，与客户预约准确的进厂首次保养时间，填写在"预约首次保养日期"一栏中。

 拓展训练

在实际工作中，新车购车客户回访如何进行具体操作，需要不断训练。请设计并分角色扮演购车后三天回访流程。

任务 5-2　客户关怀

任务引入

马上到端午节了，恰逢 GQ 公司要进一步增进与客户的联系，需要营销部门设计一个客户关怀活动方案。营销部门接到任务后，开展头脑风暴，怎样才能设计一个令各方面都满意的方案呢？

资源 5-17　引入动画

任务分析

车辆经过半年到一年的使用后，客户购车的新鲜感逐渐消失，免费的首保也已经结束，车辆成为客户日常生活中的一部分，收费保养也让客户开始更加关注经销商服务的性价比。这时，客户在保养和维修方面创造的价值逐步累积，也开始出现部分客户的流失，在常规服务内容和价格很难调整的条件下，经销商尤其需要关注客户关系的维护，努力提高客户的忠诚度，减少客户流失率。除了用标准的服务流程向客户传递专业、规范的服务能力外，也需要一些柔性的关怀，让客户感知到经销商在用心地为客户考虑，这种柔性的关怀方式就是我们说的客户关怀活动。如何在一些特殊日子或节日送上一份暖心礼物来关怀客户呢？本任务的实施正是体现经销商在节日对客户的关怀。

学习目标

知识能力	专业能力	社会能力
1. 懂得开展客户关怀活动的价值和意义 2. 掌握客户关怀活动差异化策略 3. 了解进行客户关怀活动的方法	1. 学会在客户关怀活动中更深入地了解客户的需求和特点，不断提高客户满意度 2. 能根据不同客户的需求设计满足客户需求的客户关怀方案 3. 能利用客户关怀活动的开展进一步提高服务能力	1. 树立服务意识、规范意识 2. 强化人际沟通能力，具备维护客户关系的能力 3. 具备维护组织目标实现的大局意识和团队意识

 相关知识

一、认识客户关怀活动

（一）了解客户关怀活动

客户关怀活动一般围绕车辆或者客户自身策划开展。或者是迎合客户车辆不同阶段的养护重点，比如车辆的优惠保养和检查、重点零配件的优惠促销等；或者满足不同客户群的差异化需求，如客户联谊活动、特定车友群体的讲座、趣味竞赛等。通过这些活动的开展，可以有效增强客户对经销商服务的满意度和忠诚度。

资源5-18 课件　　资源5-19 微课

（二）客户关怀活动的价值

1. 客户关系维护的三个层次

（1）交易关系，即给客户一定的优惠，让客户支付较低的费用。

（2）情感关系，强调经销商对客户个人感受的关注，让客户感受到家人般的温暖和贴心的关怀。

（3）社会关系，以车辆和车友为纽带，建立车友间互动的平台，用更广阔的社会圈子维护客户的忠诚度。

客户关怀活动主要也是从这三个方面来维护客户关系。

2. 客户关怀活动的作用

（1）让客户切实感觉到经销商在用心地为自己提供关怀，丰富客户的生活，从而增强客户对经销商的满意度和信任度，而这种满意度和信任度也可以为经销商创造更多、更长久的客户价值。

（2）群体性的客户关怀活动可以是建立车主之间交流的平台，形成以经销商为纽带的客户群体，这对于提高客户的归属感、维系客户的忠诚度都有帮助。

（3）给客户车辆养护以更多优惠，这在一定程度上能削弱经销商费用较高的影响，同时也可以适当增加进厂台次和服务营运收入，有利于培养客户消费惯性，减少客户流失。

（4）客户关怀活动也可以邀请现有客户的朋友参加，可以让潜在客户提前感知到经销商良好的服务，对于促成潜在客户的成交也是有所帮助的。

（5）以主动性、外向性的客户关怀活动来调动服务类员工的积极性，提升员工的工作热情，提升经销商在当地的服务品牌形象和口碑。

二、实施差异化的客户关怀活动

客户关怀活动要针对满足某一个特定客户群体来策划，只有真正满足他们的需求，客户才会有热情愿意参加。

对于汽车用户而言，最主要的差异化主要从两个方面区

资源5-20 课件　　资源5-21 微课

分：车辆和客户。比如车辆的差异，随着一年四季的变迁，因天气冷暖的变化对车辆维护的重点有所不同；不同行驶里程的车辆对于保养维护的重点也有不同。客户群的差异更多，不同车型客户群的生活休闲方式不同；不同性别、不同年龄段的客户群感兴趣的事物也会有所区别。客户关怀活动策划人员必须清楚地了解其所保有的车辆和客户本身属性的不同，这是活动差异化的基础。

在对车辆和客户的特点进行分析前，首先要对客户资料进行全面收集和仔细分类，目前很多经销商布置的 DMS 系统就为客户资料的分析提供了有力的工具。所有车辆的车型、购车时间、行驶里程、保养维修的历史记录等，在 DMS 系统中都有保存，经过计算还可以识别出客户服务的费用、频次等与价值度相关的信息。还有客户属性的信息，包括客户的性别、年龄、行业等也会在 DMS 中有记录。用心的经销商还会记下客户的兴趣爱好，比如喜欢打球、喜欢打牌、喜欢出游等。针对客户的特点和爱好来策划小群体的客户关怀活动，赢得客户真心的欢迎。

总之，只有针对特定客户群而策划开展的差异化的客户关怀活动才能吸引客户的参与热情，车辆和客户属性是两个重要的分析维度，DMS 系统因为保存了大量的客户档案和车辆信息，为差异化的客户群筛选提供了基础。

（一）汽车客户关怀活动策划维度

客户关怀活动主要分为四大类：围绕车辆养护进行的活动、围绕客户特点进行的活动、围绕节假日开展的活动、日常持续进行的关怀，如表 5-2-1 所示。

表 5-2-1　客户关怀活动

关注点	常见活动内容
围绕车辆养护	根据不同季节变换，针对车辆特殊养护需求的活动 针对重点部件的优惠养护活动
围绕客户特点	针对不同客户属性而策划的活动，如客户车型、性别、年龄段、兴趣爱好等 根据客户相关群体的特点，策划不同的活动，如车友群、客户家庭等
围绕节假日	在特殊节日到来的时候可以组织一些相应的客户活动
日常持续性的关怀	通过短信、贺卡、礼物等表达礼节性的问候 新产品上市或者正在开展的服务活动等的提醒通知 临时性事件的温馨提示

（二）围绕车辆养护开展的客户关怀活动

在不同的环境下，车辆需要进行特别的养护。比如春夏之交需要更多关注空调系统的使用，冬季需要更多关注冷却系统；北方区域，冬天大雪天气需要关注轮胎防滑；南方区域，雨季更多关注车辆防锈处理等，经销商可以适时地推出相应的客户关怀活动。活动一般以免费检测为主，同时提供相应关键部件的优惠养护。

除了季节变化的车辆养护外，还可以结合经销商经营的养护精品，针对车辆重点部件开展优惠的养护和改装活动，如发动机、大灯、音响等系统的养护和升级，如

图 5-2-1 所示。

注意:根据季节变化进行四季车辆关怀活动,包括对重点部件的优惠养护和改装

图 5-2-1 针对季节对车辆养护需求进行的客户关怀活动

1. 根据季节变化的车辆养护活动

因为一年四季的轮回,车辆的使用环境会发生相应的变化,为了车辆更好地适应新季节的使用,经销商往往在新季节开始的时候做一些预防性检查和养护活动,如图 5-2-2 所示。

图 5-2-2 根据季节变换开展相应车辆养护活动

1)春季活动

春天,随着天气逐渐转暖,万物复苏,客户的心情也逐渐变得明朗,新年伊始的感觉让很多人感到兴奋。如果这时候能开展一个对车辆进行全面检查的活动,包括制动、转向、灯光等全面检查,可以让客户感到车辆也焕发了新的动力。

春天雨水较多,为了行车安全起见,可以重点做好车辆雨刮、轮胎等系统的保养,还可辅以雨眉、玻璃清洁剂等赠送或优惠销售,也可以做底盘封塑防锈处理。

2)夏季活动

春夏之交天气渐暖,空调系统开始逐步启用。很多地区的车辆空调系统都几个月没用了,空调滤清器上会堆积不少灰尘、粉尘,不仅会对过滤效果造成影响,还会降低空气的通过量,抑制制冷效果。长时间不用,也会出现空调管路泄漏、冷媒不足的情况,使用前要检修空调管路并及时补足冷媒,才能保证制冷效果。这个季节对空调系统的整体检测、清洁、补充冷媒是最受客户欢迎的服务。

天气再热的时候，在高温的暴烤下，车辆内部很快就会变得酷热。可以赠送或者优惠销售一些夏季降温的汽车精品，如遮阳挡、凉席、车载小冰箱、车内快速降温喷剂等。

3）秋季活动

我们常说"金九银十"，也就是说，九月、十月秋高气爽，风轻云淡，是最好的出游季节。加上国庆长假，每年这时候都是车主自驾出游的好时机。在长途自驾游前，最好能安排车辆进行安全系统的全面检测，尤其是制动、轮胎、转向、灯光等核心安全件，以保证自驾出游的安全和安心。还可以辅助提供一些和安全出行相关的服务，如优惠换制动蹄片、优惠换轮胎、免费轮胎充氮气、优惠购买导航系统等。

4）冬季活动

冬季天气转冷，北方地区会有大雪，车辆的保暖和雨雪天出行需要重点关注。比如暖风系统启用前要经过除尘清洁，以保证驾驶室健康的暖空气。防冻液需要检查补充，还可以辅助提供防冻油的优惠升级。所谓秋收冬藏，冬天气温严寒，比较适合做发动机的深化保养，包括燃油系统和润滑系统的深度养护，都会格外受欢迎。其他一些冬季行车的汽车精品，如除雪铲、防滑链、除雾剂等，也可以赠送或者优惠的价格赢得客户满意。

根据季节变化的车辆养护活动如表 5-2-2 所示。

表 5-2-2　根据季节变化的车辆养护活动

季节	用车特点	活动主题
春季活动	1. 天气逐渐转暖，万物复苏，客户期望车辆整体焕发新鲜活力 2. 雨水较多，需注意安全行驶和防锈	1. 开展对车辆全面的检查，包括制动、转向、灯光等 2. 重点做好车辆雨刮、轮胎等系统的保养，还可辅以雨眉、玻璃清洁剂等的赠送或优惠销售，也可以做底盘封塑防锈处理
夏季活动	1. 春夏之交，天气渐暖，空调系统开始逐步启用 2. 天气再热的时候，在高温的暴烤下，车辆内部很快就会变得酷热	1. 对空调管路和滤清器的整体检测、清洁、补充冷媒等，保证入夏后空调的良好使用 2. 赠送或者优惠销售一些夏季降温的汽车精品，如遮阳挡、凉席、车载小冰箱、车内快速降温喷剂等
秋季活动	秋高气爽，又逢长假，很多客户会选择自驾出游	1. 在长途自驾游前，最好能安排车辆进行安全、系统的全面检测，尤其是制动、轮胎、转向、灯光等核心安全件，以保证自驾出游的安全和安心 2. 辅助提供一些与安全出行相关的优惠服务，如优惠换制动蹄片、优惠换轮胎、免费轮胎充氮气、优惠购买 GPS 导航等
冬季活动	天气转冷，北方地区会有大雪，车辆的保暖和雨雪天出行需要重点关注	1. 暖风系统启用前要经过除尘清洁，以保证驾驶室健康的暖空气 2. 防冻液需要检查补充，还可以辅助提供防冻油的优惠升级 3. 适合做发动机的深化保养，包括燃油系统和润滑系统的深度养护，都会格外受欢迎 4. 一些冬季行车的汽车精品，如除雪铲、防滑链、除雾剂等，可以赠送或者优惠的价格提供给客户

季节性客户关怀活动要围绕主题，尽量丰富化。最常见的活动形式有以下几种：

（1）以专项主题检测为主，扩大免费检测范围，覆盖到全车主要部件的检测。

（2）在现场维修期间，工时和备件价格优惠也可普遍开展。

（3）鼓励消费的部分项目优惠活动，如优惠提供四轮定位、优惠更换轮胎、GPS导航折扣等，可以很好地拉动消费，提高服务产值。

（4）免费提供给客户的各种小服务或者小礼物，也会让整个活动感觉很饱满，如免费洗车或者给车身打蜡美容一次；赠送香水、防滑垫等小礼品；免费添加玻璃水、防冻液；开展进场的客户抽奖活动等。

（5）发放保养代金券，也可以是限时消费的，如必须当季内使用，可以更好地提高客户进场的积极性。

2. 重点部件的优惠养护和改装活动

季节性的车辆养护活动时间性很强，经销商还可以随时开展一些针对重点零部件的优惠养护和改装活动。

重点部件的养护，比如对于发动机这样的重点零部件，可以开展专项的深度维护，为2万公里到10万公里的车辆提供发动机润滑系统、燃油系统的深度清洗和保养，恢复发动机的整体性能。同时再辅以发动机舱清洗，可以让客户感到整个车辆的核心动力又完全恢复了生机。或者开展其他针对制动系统、冷却系统、轮胎系统等的深度养护活动。

部件升级和改装，一种是对现有系统的升级，如对音响、灯光等系统的升级；另一种是增加其他高端车型配置的一些功能，比如增加定速巡航、车辆防盗等功能。这样的升级和改装一般都是在现有汽车精品的基础上开展的，执行难度很小。

无论是重点部件的养护还是升级和改装，作为专项的客户关怀活动，往往给客户的优惠比较大，选择适当的时间，或者针对特定状态的车辆开展，能在维护客户关系的同时实现扩大服务产值的双赢。

常见优惠养护和改装活动如表5-2-3所示。

表5-2-3　常见优惠养护和改装活动

类型	活动方式
重点部件优惠养护活动	1. 为2万~10万公里车辆，提供发动机系统深化保养，包括润滑系统、燃油系统清洁和保养，以及发动机舱清洁 2. 为4万公里以上车辆提供四轮定位、轮胎充氮气保养 3. 空调系统滤清器清洁、除臭、管路检修、添加冷媒 4. 冷却液更换为冷却油 ……
重点部件升级和改装活动	1. 音响系统升级为DVD加导航 2. 增加定速巡航 3. 增加车身防盗 4. 增加智能升窗 ……

（三）围绕客户特点开展的客户关怀活动

随着车辆成为人们日常生活的一部分，车主也会以此为纽带，形成不同的生活圈子。对经销商而言，除了开展对车辆本身的维护外，还需要开展适应于客户群体生活方式的客户关怀活动。

用性别、年龄、车型、爱好等不同的特点作为维度，我们可以划分出很多不同的群体，比如男性车主和女性车主两个群体、高端车型和中低端车型的客户群体、年轻客户和中老年客户群体等。这些不同的维度区隔了不同特点的客户群，同一个群体里的客户往往有着相同或者接近的兴趣爱好和关注点，经销商就可以据此策划开展有针对性的客户关怀。

客户分类是开展客户关怀活动的基础，最常见的客户分类可以从以下几个维度展开：性别、年龄、车型、爱好、家庭组成等，如图5-2-3所示。

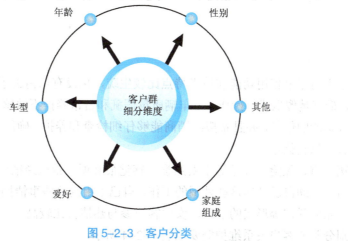

图 5-2-3 客户分类

1. 按照车主性别划分

按照性别可以把客户（客户就是车主）划分为男性和女性两大类，尽管个体上存在一定的差异，但在车辆使用和生活方式上，男性车主和女性车主存在很多明显的群体区别。

1）男性车主

男性车主一般对车辆的使用功能和技术特点充满好奇并愿意尽可能多地掌握，愿意了解一些机械和电子知识，愿意动手尝试一些车辆养护或者更换轮胎等工作，愿意体验长途驾车等表现车辆使用能力的活动，愿意参与车友之间的交流和活动。他们感到自己有责任和能力做好车辆的使用和养护，对于车辆出现的质量瑕疵比较在意，对于车辆保养维修的过程、质量、价格等比较关注，对于经销商的服务质量也比较关注。

 典型声音

> 这辆车看起来有不少新功能啊，什么定速巡航、智能泊车、自动远光、智能导航，这些功能我要好好研究一下，摸个清楚。

> 车辆使用养护当然是男人的事,仪表盘上各种信号灯我都知道什么意思,也知道打开引擎盖检查并加注玻璃水、防冻液,也会看机油尺,也会换轮胎,基本上算半个专家了吧。
>
> 绕桩比赛啊?好的,我参加!咱虽然不是专业车手,但毕竟也在"车河"里锻炼了两年,一般赛道的转弯、爬坡、限宽门什么的,我想还是应该没问题吧,过去试试身手!
>
> 我看这家经销商的服务还是有些问题,常规保养40分钟不到就好了,我都怀疑是不是很多项目根本就没仔细检查,比如跟他反映的离合器抬起时那个明显的咔嗒声就是调不好。还有,换个离合器压盘居然要1 200多元钱,我问了别的店,说800元就可以更换。

2)女性车主

女性车主对车辆使用功能和技术特点比较生疏,也没有热情去了解,只要常用的功能会用就好,最好是傻瓜式的操作。对车辆质量瑕疵和日常养护不敏感,很难发现什么问题,对经销商有本能的信任,并且希望经销商能够仔细检查和养护,确保车辆良好的运行状态,自己只要放心驾驶就行。

对车辆年审、保险、理赔等不太熟悉,感觉很麻烦,希望经销商能做好提醒和配合,最好能全面地帮助自己打理这些外围的工作,自己不用为这些事情操心。如果有美容塑身、健康饮食、家庭联谊等形式的活动,女性客户参与热情会比较高。

按性别分类的客户关系维护概要如表5-2-4所示。

表5-2-4 按性别分类的客户关系维护概要

性别	活动主题	活动形式
男性车主	1. 车辆新功能使用介绍 2. 车辆养护知识介绍 3. 趣味驾驶比赛 4. 节油比赛 5. 自驾游	1. 以爱车讲堂的活动形式讲解车辆的功能、保养、使用等知识 2. 举办以节油比赛和车辆使用技巧讲解相结合的车主活动 3. 在天气适宜的时候或者节假日开展中短途的自驾游活动 4. 举办场地趣味驾驶比赛,给车主们展示驾驶技术的舞台
女性车主	1. 女性美容、瘦身知识讲座 2. 家庭生活趣味赛 3. 亲子活动 4. 精品优惠折扣活动	1. 在"三八"妇女节、母亲节等特定节日专门面向女性车主开展感恩回馈活动 2. 邀请专业美容机构讲师示范讲解 3. 举办以家庭为单位的客户联谊活动,既让客户放松身心,结交朋友,还能获得礼品

典型声音

说明书这么厚，我哪会仔细看啊。还说要检查这个检查那个，我可是每次打着火就走了，从来没检查过什么。这车我开了快一年了，连发动机舱都没打开过，不也开得挺好嘛。不过，师傅您一定要帮我仔细检查检查，里里外外都看看，该加的油、该换的件，你们按要求做就行了，千万别到我手上开着开着走不了了，那就麻烦了。

经销商搞的活动，最好是一家人参与的，否则自己一个人去没什么意思啊。除非是专门为女性开展的活动，比如请人讲讲怎么化妆、怎么瘦身、怎么健康饮食等，或者开展一些亲子活动，这样应该比较有趣。

2. 按照车主年龄划分

按照客户年龄跨度，一般可以分为青年（18～30岁）、中年（30～50岁）、中老年（50岁以上）几个阶段，如图 5-2-4 所示。客户的心理年龄和生理年龄有着这样那样的差异，能帮助我们对客户年龄的细分有更清晰的认识。

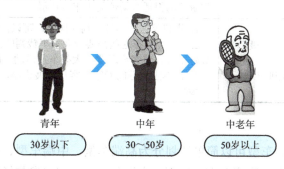

图 5-2-4 按年龄细分客户

1）青年车主

青年车主往往家庭条件较好，事业处于上升期，愿意广泛结交朋友。他们精力旺盛，喜欢自驾游、聚会等各种群体活动。青年车主对新生事物较为敏感，对生活要求很有激情，比如对圣诞节、情人节等西化节日很热衷。

2）中年车主

中年车主更趋于理性消费，希望经销商提供更多的优惠保养和维修服务。作为家庭的顶梁柱，中年车主对于投资理财等能增加收入的相关问题较关注。为了保持身体健康，对不太剧烈的健身运动比较热衷。同时，这个阶段的客户也愿意在工作的圈子之外多认识一些素质较高的车友，愿意参与一些车友之间的活动，尤其是中短途的自驾旅游。孩子是中年车主家庭的中心，能带孩子一起参与的活动也很受他们的欢迎。

3）中老年车主

中老年车主一般经济条件较好，对健康养生很关注，也愿意多参与一些能丰富自身业余文化生活的活动。他们的精力体力不如从前,好静不好动,愿意参加一些比如书法、桥牌、摄影等文化活动,对养生知识讲座也比较有热情。

按年龄分类的客户关系维护概要如图 5-2-5 所示。

表 5-2-5　按年龄分类的客户关系维护概要

年龄	活动主题	活动形式
青年	1. 自驾游 2. 圣诞节车友聚会 3. 足球、篮球、滑雪等竞技刺激性运动	1. 各种形式的自驾游是结识朋友、放松心情的好方式 2. 在圣诞节组织车友聚餐聚会,穿插节目表演、抽奖等环节,能够很好地融洽客户关系 3. 运动量大而且较刺激的运动,如足球、篮球、滑雪等很受青年车主欢迎
中年	1. 家庭运动会 2. 投资理财知识讲座 3. 乒乓球、羽毛球等比赛 4. 中短途自驾	1. 以家庭为单位的竞技娱乐活动可以在轻松的氛围中提高家庭成员的亲密关系 2. 请金融理财的专家给客户讲解专业的投资理财知识,也可以进一步融洽与金融机构的关系 3. 羽毛球、乒乓球等中等运动量的比赛可以吸引不少关注身体健康的中年客户参与 4. 在客户所在城市附近,300 公里以内,最好当日能返回的自驾游活动很适合繁忙的中年客户群
中老年	1. 书法、桥牌、摄影等比赛 2. 养生知识讲座	1. 棋牌类这些容易裁判的比赛,可以由经销商自行组织 2. 书法、摄影这些需要专业水平裁判的比赛,最好请专家参与。最好结合春节客户联欢、大型车友活动等同步开展 3. 请养生保健的专家给客户开展讲座,也会吸引一些中老年客户参与

3. 根据车型划分

根据车辆的价格,车型可以简单地划分为高端车型、中端车型、中低端车型三种,如图 5-2-5 所示。在目前的客户分布情况下,中端和中低端客户参与经销商各种活动的热情较高,只要让客户感到价格优惠、精神放松,或者可以更好地使用保养车辆的活动,客户的参与热情都比较高,但高端车型的客户时间往往很紧张,除非有针对性地满足这个群体的需要,否则客户参与度很低。

图 5-2-5　按照车型划分

1）高端车型客户群

高端车型客户群经济基础较好，社会地位也较高，平时在各种社会场合都会得到较多的关注、高端的服务和特殊待遇。要做好这批客户的关怀，经销商就要格外注意提供针对高端客户群体的专属性服务，让客户充分感到受尊重和关注的感觉。

2）中端车型客户群

中端车型客户群生活相对富足，追求有一定品位的生活方式和社交圈子。他们对车辆本身的状况和服务水平要求都较高，希望得到良好的车辆维护和服务，希望有技术人员提供专业的车辆养护知识，希望服务人员能平等友善地对待自己，提供一对一的个性化服务。当对经销商的服务有抱怨或者建议时，他们也能中肯地提出来。他们愿意参加一些圈子内的活动，如相近车型的车友活动、理财养生等专家的讲座，这是结交一些高素质车友的平台，也能共同分享生活的乐趣。对于高端车主能得到的特殊服务很羡慕，希望自己也能有机会体验或者参与。

3）中低端车型客户群

中低端车型客户群往往是第一次买车，经济条件一般，养车也是他们重要的一份支出。因此，在保修期内能提供的各种优惠、免费的服务政策，或者提供节油、自己动手养护车辆等讲座，能很好地满足这些客户的需求。同时，这个客户群体个性比较淳朴，很在意人和人之间的交流和信任，如果经销商能通过个性化的服务赢得客户的信任，也会较长期地维护好他们的忠诚度。

按车型分类的客户关系维护概要如表 5-2-6 所示。

表 5-2-6 按车型分类的客户关系维护概要

车型	活动主题	活动内容
高端车型	1. 奢华商品品鉴会 2. 高尔夫训练和比赛 3. 高端客户会员特殊服务	1. 和一些珠宝、钟表、化妆品等奢侈品品牌商合作，邀请业内专家、娱乐圈名人等共同参与商品推介、知识介绍、歌舞表演等，实现汽车和奢侈品牌的共赢 2. 组织高尔夫、滑翔等高端、新颖的运动，可以让客户尝试或者比赛，满足客户作为高端客户群体的自豪感，同时也提供客户群体互相认识的机会 3. 以会员的形式吸纳高端客户入会，提供异地救援、上门取送车、一对一服务顾问等个性化服务
中端车型	1. 车辆使用和养护知识介绍 2. 理财、养生知识讲座 3. 滑雪、攀岩等时尚运动 4. 重点客户座谈会	1. 就中端车型优秀的功能配置以及车辆养护过程的一些知识，请专业技术人员开展讲座，提高客户对自身车辆的认识和动手维护能力 2. 请专业机构的人员讲解理财、养生等方面的知识，或者组织客户尝试滑雪、攀岩、沙滩卡丁车等比较时尚的运动，满足客户对高品质生活的追求和体验 3. 当厂家举行一些大型的活动，如服务年会、服务技能大赛、区域核心客户交流会等时，邀请部分客户作为舆论代表参加，充分表示对他们的尊重

续表

车型	活动主题	活动内容
中低端车型	1. 免费检测活动 2. 优惠保养、配件更换或购买等让利活动 3. 自驾游 4. 节油大赛和节油使用技巧	1. 客户对价格比较敏感，如四季的免费检测、出行前免费安全系统检查、优惠的保养套餐和备件升级、免费赠送一些礼品等让利活动都会得到客户的欢迎 2. 降低车辆使用成本也是客户特别关注的话题，组织一些节油大赛，或者请有经验的讲师讲解如何更好地节油或者节约保养费用，客户都会很乐意参与 3. 车辆的代步作用很明显，客户群希望更多地体验有车生活带来的便利，各种中短途的自驾游既能让他们感受郊游的快乐，也能让他们结识各种朋友，很受客户欢迎

4. 按照车主爱好划分

每个人都有自己的兴趣爱好或者特长，而且不同的兴趣也构成了不同的生活圈子，成为人们生活中的一部分。经销商在节假日开展一些符合客户兴趣爱好的活动，对于客户而言，这既是放松休闲，也是结识朋友、展示自己的时候，会得到很多客户的响应。

不少厂家和经销商也都注意到了这一点，在购车登记客户信息的时候，销售顾问会特意问一下客户的兴趣爱好，并登记在 DMS 系统中。

通过对 DMS 客户档案的梳理，可以识别出客户兴趣比较集中的几个点，从而有针对性地策划相应的客户关怀活动。

5. 按照车主家庭组成划分

现在人们的生活节奏越来越快，平时绝大部分时间都被工作占用，享受家庭天伦之乐的时间被挤压得少之又少。往往只有周末的时候才能有些时间陪陪家人孩子，尤其是春节、国庆这样的长假，很多家庭都会组织探亲或者出游活动，也算是对平时家庭成员关系的一种补偿。

经销商的很多客户活动往往也安排在周末，如果这种活动能够把客户的家庭成员尽可能多地调动起来，让更多的家庭成员参与进来，对客户而言也是增进家庭成员关系的好方式，经销商也会得到很多客户的支持。

这样以家庭组成来区分的客户活动一般以某个人群为主题，比如以孩子或者夫妻一方为主题，或者以全家总动员为主题等。

三、了解其他各种客户关怀活动

（一）适合开展客户关怀活动的节日

一年的传统节日和法定节假日很多，像元旦、春节、植树节、端午节、劳动节、中秋节、国庆节、重阳节等，还有一些从西方引进但很受欢迎的节日，如情人节、圣诞节、母亲节、父亲节等。节假日的时候，客户参与活动的热情较高，

 资源5-22 课件

 资源5-23 微课

只要经销商策划的客户关怀活动时间点合适、主题有意义、过程让客户感到轻松愉快，关怀活动就会得到客户的支持，而且满意度也会很高。比较适合开展客户关怀活动的节日及各节日的活动主题如图5-2-6和表5-2-7所示。

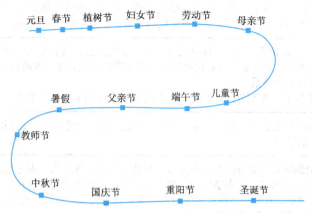

图 5-2-6　适合开展客户关怀活动的节日

表 5-2-7　各节日的活动主题

节日	活动主题
元旦、春节	1. 以新春送祝福为主线，开展各种形式的客户联谊会 2. 对节前进场的客户赠送大礼包、"福"字等 3. 给客户发送祝福短信、寄送贺卡等
植树节	组织客户郊外自驾，最好是有孩子的年轻家庭。在明媚的春光里种下树苗，表达对环境的爱护，以及孩子和小树一起成长的希望
妇女节	1. 组织以美容、养生为主题的客户联谊活动 2. 给进场女性车主赠送鲜花、电影票、化妆品、生活用品 3. 专为女性车主提供汽车精品优惠折扣等
劳动节	1. 小长假，组织到周边风景区、农家乐的短途自驾游 2. 组织到孤儿院、希望小学等慰问捐赠活动
母亲节	1. 为到店车主提供鲜花、礼品，作为车主送给母亲的节日礼物 2. 为车主提供和母亲一起参与的美容、养生等活动体验，帮助客户完成回报母亲的愿望 3. 收集客户对母亲表示感恩的照片、话语，优秀者给予奖励，作品也可以用来展示；开展作为母亲的车主和孩子一起的亲子活动，增加家庭亲密关系
儿童节	1. 围绕亲子互动开展的主题活动，能提高家庭亲密关系 2. 围绕孩子成长中的关键问题，如安全防范和自救、锻炼和健康饮食等开展专家培训讲堂 3. 带孩子一起慰问较贫困的乡村小学或者孤儿院需要帮助的孩子，培养孩子的爱心，让他们懂得珍惜美好的生活环境 4. 组织儿童展示才艺的活动，如绘画、歌唱、乐器表演等

续表

节日	活动主题
端午节	邀请客户全家一起过端午节,在了解端午节文化的同时,让客户尝试自己动手包粽子的整个过程。在室内的,可以穿插猜谜语、抽奖、做香包等活动,在室外的,可以加入茶艺、古曲表演等符合中国传统文化的元素,让整个活动更加饱满
父亲节	1. 和母亲节活动类似,可以提供一个联谊的舞台,或者提供一些父辈能用到的礼品,帮助车主表达对父亲的爱;也可以开展亲子联谊活动,让车主的孩子讲出对爸爸的热爱,融洽家庭亲子关系 2. 举行好男人家务比赛,展示车主既能主外也能主内的好男人形象
暑假	组织针对孩子的夏令营、拓展训练、特色培训、走进农家公益捐助和慰问等有助于孩子成长的活动
教师节	1. 给到店接受服务的教师车主送上鲜花、蛋糕或者礼物,表达对教师的敬意 2. 每逢教师节,中小学生一般都会自己动手制作送给老师的礼物。可以组织车主带孩子一起进店,教会孩子自己动手制作美观而且有意义的教师节礼物,如压膜的树叶书签、布艺的工艺品、折纸的手工作品等
中秋节	1. 对进场客户或者核心大客户赠送月饼和贺卡,并表示感谢 2. 中秋节万家团聚,可以在节前开展客户联谊活动,包括歌舞文娱表演、抽奖、竞猜、赠送月饼等 3. 节前,组织客户献爱心,慰问留守的孤儿,和他们分享中秋文化、中秋月饼,让随行的孩子学会关怀他人和感恩他人
国庆节	1. 国庆长假很多客户都会选择长假出游。经销商可以安排给自驾出行的客户一个免费的安全检查,保障长途旅行的安全,让客户的假日过得更安心、顺心 2. 经销商组织就近的自驾游,帮助没有特别安排的客户走近大自然
重阳节	1. 组织客户带父母到附近登山自驾游 2. 组织客户到附近的敬老院看望孤寡老人,传递爱心
圣诞节	1. 举行圣诞节车主联谊会,以热情、火爆、时尚为主旋律,吸引中青年客户的广泛参与。场地可以选择在经销商的4S店,如果在特色酒店、舞厅、酒吧等场馆,气氛会更好 2. 以滑雪等刺激的活动为主线,开展户外自驾活动 3. 给所有进店客户赠送圣诞树、红帽子、魔杖等饱含节日色彩的礼物,把经销商的关爱传送给客户的家人和朋友

(二)日常持续性关怀

所谓日常持续性关怀,是指平时即时开展的客户关怀,往往只是一个提醒、一个问候、一个小礼物等简单的动作。这种关怀不需要当做系统性活动来策划组织,操作起来也很简单,只要真正有一种以客户为中心的服务精神,时刻想客户所想,就可以制造出无数让客户感动的瞬间。

除了各种客户关怀活动外,经销商最常开展的日常关怀以问候和提醒的形式为主,大致包括以下几个方面:

(1)节日问候,指各种传统节日的问候和祝福;

(2)服务活动提示,指经销商开展各种活动时的告知;

(3)个性服务提示,指针对客户本身的车辆、服务等的一些提醒;

(4)其他临时性提示,指天气变化对车辆使用的温馨提示。

针对以上四个方面的日常关怀形式,可以在经销商实际工作中演化出很多形式的客户关怀方式,不需要进行多少前期策划和准备,操作起来难度也不大,成本也不高,但却可以润物细无声一样地慢慢浸入客户的心里,让客户感到始终受到经销商的关注和尊重。

常见的日常客户关怀形式如表 5-2-8 所示。

表 5-2-8　常见的日常客户关怀形式

分类	活动开展形式
节日问候	在春季、端午、中秋、国庆等传统假日或者长假前,给客户发送祝福短信,或者给客户寄送贺卡
服务活动提示	1. 在经销商开展活动前夕,短信告知客户最好能近期进场参加 2. 新产品上市时,邀请部分核心的意见领袖作为客户代表发言
个性服务提示	1. 当客户的会员卡级别调整时,通知客户 2. 当客户车辆即将出保修期时,或者某些重要部件需要更换时,通知客户 3. 当客户车辆需要续保,办理年检时,提示客户
其他临时性提示	1. 当遇到大雾、降温、连续降雨等异常天气时,提醒客户注意做好车辆养护 2. 经销商临时的人员、场地安排可能会影响到车辆服务的,及时通知客户

以上围绕四季车辆保养、客户属性特点划分、节假日客户需求几个方面列举了一些常见的客户关怀活动的策划和组织,同时就日常持续开展的持续性客户关怀给出了一些实例(见延伸学习各关怀活动设计案例)。这些活动的策划思路和实例,能覆盖汽车行业最常见的客户关怀方式,但在这个大框架下,还有很多更精彩的客户关怀活动可以去策划。只要策划者全身心地为客户着想,对活动的每个环节精雕细琢、精益求精,就能策划出更加有创意、更加有吸引力的客户关怀活动。

延伸学习

上海通用公司 4S 店营销方案与如何做好客户关怀。

资源 5-24　案例库

拓展训练

请以小组为单位，针对车辆在春夏季节交替时的使用情况，为你所服务的经销商设计一个客户关怀活动方案和活动板报。方案和板报包含：活动名称、时间、主题、内容等。

项目六

汽车客户关系危机管理

服务人员在与汽车客户打交道的过程中，会遇到各种各样的问题，学习与客户进行有效沟通，掌握沟通的技巧，当遇到客户投诉等情况时，如果掌握正确的处理投诉方式，就能较好地解决客户投诉问题，这也是客户关系管理的重要内容。本项目侧重从学习沟通知识、处理客户投诉两个方面让学生加以分析。

任务 6-1　学习沟通的技巧

 任务引入

李嘉被人事副总安排到市场部工作，初来乍到的他在校学的就是汽车技术服务与营销专业，虽然在校他也经过了专业训练，但现在来到这家奔驰 4S 店，他还是被眼前这么多的顾客惊呆了。销售部办理提车业务的顾客都已经排起了长队，同事给他说这样的情况在店里是常态。恰好今天市场部的刘经理安排他对购车的顾客做回访，李嘉有点紧张。在校都是和同学、老师打交道，包括情景模拟的时候也是同学扮演顾客。现在面对的是真正的顾客，而且都不认识，李嘉心里面没底，不知道第一句话要怎么说，担心客户会不会不理他。如果你是他，你会怎么做呢？

资源 6-1　引入动画

 任务分析

4S 店工作人员同汽车客户的沟通是达成销售、保证正常经营的前提。有效沟通能确保沟通双方理解对方的需求，为达成协议和服务的推进建立合作的基础。因此，在本任务中，李嘉要想完成经理交代的任务，就必须学习沟通的方式方法，要从怎样进行交流开始学习。通过本任务的学习，学生要了解沟通的必要性，并明确什么是有效的沟通、什么是无效的沟通；要达成有效的沟通有什么技巧，在沟通过程中要把握什么原则等知识。

 学习目标

知识能力	专业能力	社会能力
1. 掌握沟通的定义 2. 理解沟通的必要性 3. 理解沟通的核心要素 4. 理解什么是无效沟通	1. 能同客户进行有效沟通 2. 能避免同客户的无效沟通 3. 能根据工作任务制订工作计划并实施计划	1. 树立服务意识、规范意识 2. 强化人际沟通的能力，具备维护客户关系的能力 3. 具备维护组织目标实现的大局意识和团队意识

织纽带，创造和维护组织文化，提高组织效率、效益，支持、促进组织不断进步发展的主要途径。在维修服务中，沟通是维系客户关系，促进服务销售的必要手段。

有效的沟通可以让我们高效率地把一件事情办好，让我们享受更美好的生活。善于沟通的人懂得如何维持和改善人与人之间的关系，更好地展示自我需要、发现他人需要，最终赢得更好的人际关系和成功的事业。

（二）沟通过程与沟通模式

1. 沟通过程的八要素模型

沟通过程就是发送者将信息通过一定的渠道传递给接收者的过程。沟通过程离不开沟通主体（发送者）、沟通客体（接收者）、信息（包含中性信息、理性的思想与感性的情感）、信息沟通渠道等基本沟通要素。一个完整的沟通过程包括主体/发送者、编码、渠道（媒介）、解码、客体/接受者、反馈、噪声与背景这八要素模型。任何简单或复杂的沟通都遵循这个沟通过程的八要素模型。

（1）主体/发送者：即信息源与沟通发起者，这是沟通的起点。

（2）编码：即组织信息，把信息、思想与情感等内容用相应的语言、文字、图形或其他非语言形式表达出来就构成了编码过程。

（3）渠道：即媒介、信息的传递载体，除了语言面对面的交流外，还可借助电话、传真、电子邮件、手机短信等媒介传递信息。

（4）解码：即译码，指接收者对所获取的信息（包括中性信息、思想与情感）的理解过程。

（5）客体/接收者：即信息接收者、信息达到的客体、信息受众。

（6）反馈：接收者获得信息后会有一系列的反应，即对信息的理解和态度，接收者向发送者传送回去的那部分反应即反馈。

（7）噪声：上述六个环节在进行的过程中，不可避免地会遇到各种各样的干扰，统称噪声，它存在于沟通过程的各个环节，并有可能造成信息损耗或失真。常见的噪声源来自以下八个方面：发送者的目的不明确、表达不清、渠道选择不当、接收者的选择性知觉、心理定式、发送者与接收者的思想差异、文化差异、忽视反馈。

（8）背景：即沟通过程所处的背景环境，同样的一次沟通在不同的时空背景下导致的沟通效果是不一样的，正是因为沟通双方的人际关系是动态变化的，从而使得彼此之间的沟通效果也是动态变化的。

2. 沟通的过程与模式

沟通的过程（八要素模型）如图 6-1-1 所示。发送者把意图编码成信息，通过媒介物——渠道传送至接收者；接收者对接收到的信息加以解码，并对发送者作出相应的反应，成为反馈；在沟通过程中不可避免地会存在各种噪声干扰，导致沟通效果不好，同时由于每次沟通都处于一定的环境背景当中，在不同的时空背景下，沟通效果也会大相径庭。

根据沟通的要素分析，要实现有效的沟通，应该从沟通的八要素入手，系统全面地考虑沟通的策略。

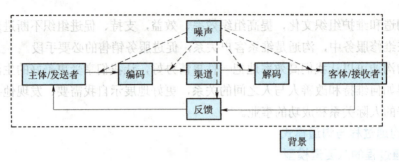

图 6-1-1 沟通的过程（八要素模型）

下面简述一下沟通各要素对沟通过程的影响。

1）发送者、接受者

沟通的主体是人，任何形式的信息交流都需要有两个或两个以上的人参加。由于人与人之间的信息交流是一种双向的互动过程，所以，发送者与接收者只是相对而言，这两种身份可能发生转换。在信息交流的过程中，发送者的功能是产生、提供用于交流的信息，是沟通的初始者，处于主动地位。而接收者则被告知事实、观点或被迫改变自己的立场、行为等，处于被动地位。发送者和接收者这种地位对比的特点对于信息交流有着重要影响。

2）编码与解码

编码就是发送者将信息转化成可传输的符号的过程。这些符号或信号可以是文字、数字、图画、声音或身体语言。评价发送者的编码能力有三个标准：一是认知，即"对不对"的问题；第二是逻辑，即"通不通"的问题；第三是修辞，即"美不美"的问题。

解码就是接收者将获得的信号翻译成某种含义。如果解码错误，信息将会被误解或曲解。沟通的目的就是希望接收者对发送者所发出的信息作出真实的反映并采取正确的行动，如果达不到这个目的，就说明沟通不灵，产生了沟通障碍。

编码和解码的两个过程是沟通成败的关键。最理想的沟通，应该是通过编码和解码两个过程后接收者形成的信息与发送者的意图完全吻合，也就是说，编码和解码完全"对称"。"对称"的前提条件是双方拥有类似的知识、经验、态度、情绪和感情等。如果双方对信息符号和内容缺乏共同经验，则容易缺乏共同的语言，那么无法达到共鸣，从而使双方在编码和解码的过程中不可避免地出现误差和障碍。

3）信息

本书范围内阐述的信息是广义范畴的信息，它包含了中性信息、理性的思想与感性的情感，广义的信息应该从如下两个方面进行理解。

（1）信息内容的沟通价值。

信息发送者首先应该对信息内容的必要性有明确的认识和把握。例如信息的内容是否对接收者重要，信息是事实还是观点，对信息接收者而言，信息是积极的还是消极的、信息量有多大等。如果对接收者而言，沟通的信息缺乏必要的有意义的内容、信息量太小，则会使沟通小题大做、浪费时间和物资；而如果沟通当中所传递的信息量过大，则会使对方无法及时全部接收、无法分清信息主次、无法充分理解等。

（2）信息符号系统。

由于不同的人往往有着不同的"符号—信息"系统，因而接收者的理解可能与发送者的意图存在偏差。在一种认知体系中，符号（symbol）是指代一定意义的意象，可以是图形图像、文字组合，也可以是声音信号、建筑造型，甚至可以是一种思想文化、一个时事人物。所有的沟通信息都是由两种符号——语言符号（verbal symbol）和非语言符号（nonverbal symbol）组成的。

人类所面对的客观事物几乎是无限的，可人类只能用有限的词汇和抽象的概念工具来描述无限的事物。根据语言哲学理论，一个特定的句子去掉上下文后可以任意解释，每个人都是根据自己的阅历来对语言进行联想，赋予意义，所以对每个词的定义没有两个人是完全相同的，这便使这个世界上到处充满了误解。

4）渠道

渠道是信息从发送者到达接收者所借助的媒介物。语言符号可以有口头和书面两种形式，每一种又可以通过多种多样的载体进行传递。口头语言可以通过面谈、演说、会议、电话、录音带、可视对话等多种渠道传递，而书面语言的载体又可以是信件、内部刊物、布告、文件、投影、电子邮件等。非语言符号通过人的眼神、表情、动作和空间距离等来进行人与人之间的信息交流。在申请一份工作时，要学会利用丰富的非语言渠道传递信息，如有力的握手、职业装、敬重的语气等。

信息发送者要根据信息的性质选择合适的传递渠道。传达政府报告、员工绩效评估等正式、严肃和权威的事情，宜用书面形式。在各种通道中影响最大的仍是面对面的原始沟通方式，因为它可以最直接地发出及感受到彼此对信息的态度和情感。

5）背景

背景是影响沟通的总体环境，可以是物质环境，也可以是非物质环境。沟通的背景通常包括如下几个方面：

（1）心理背景。

心理背景是指内心的情绪和态度。它包括两方面的内容：一是沟通者的心情和情绪。沟通者处于兴奋、激动状态时与处于悲伤、焦虑状态时的沟通意愿和行为是截然不同的，后者往往思维处于抑制和混乱的状态，沟通意愿不强烈，编码和解码的过程也会受到干扰。二是沟通双方的关系。如果沟通双方彼此敌视或关系冷漠，其沟通常常由于存在偏见而出现误差，双方都较难理解对方的意思。

（2）社会背景。

社会背景是指沟通双方的社会角色及其相互关系。不同的社会角色，对应于不同的沟通期望和沟通模式。人们之间为了达成良好的沟通，在沟通时必须选择切合自己与对方的沟通方法与模式。

（3）文化背景。

文化背景是人们生活在一定的社会文化传统中所形成的价值取向、思维模式、心理结构的总和。文化背景影响着沟通的每一个环节。东西方文化背景不同，也会给他们之间的沟通造成或大或小的干扰和难度。

（4）空间背景。

空间背景指沟通发生的场所。特定的空间背景往往造成特定的沟通气氛，在嘈杂的市场听到一则小道消息与接到一个特地告知你的电话，给你的感受也是截然不同的，前者显示出的是随意性，后者体现的是神秘性。环境中的声音、光线、布局等物理氛围会影响沟通效果，而且环境的选择与权力有一定关系，沟通双方对环境的熟悉程度也会影响沟通效果。

（5）时间背景。

时间背景是指沟通发生的时点。在不同的时间背景下，同样的沟通会产生截然不同的效果。试想，一种情景是在某位公司职员刚与妻子吵架之后与其沟通工作绩效问题，另一种情景是在员工获得公司嘉奖之后与其沟通绩效问题，你觉得在哪种情况下沟通效果会比较好呢？当然是第二种。因此，选择合适的时间进行沟通是非常重要的。

6）噪声

噪声是沟通过程中对信息传递和理解产生干扰的一切因素，存在于沟通过程的各个环节。根据噪声的来源，可以将噪声分为：内部噪声、外部噪声、语义噪声。

内部噪声来自沟通主体身上，比如注意力分散、存在某些信念和偏见等，态度、技能、知识和社会文化系统都会造成内部噪声。

外部噪声是指来源于环境的各种阻碍接收和理解信息的因素。常见的外部噪声是声声的骚扰，例如，和亲密的朋友正推心置腹地交流时，周围突然有人大声喊叫。不过外部噪声不单指声声，还可能是光线、冷热等。教室的光线不好，会使学生不能看清黑板上老师的授课内容；在上课的时候，教室过分闷热，同学们难以集中精力学习。还有一种是信息经过沟通渠道时出现信息的损失和破坏，如用电话沟通时，电话线路不好；又如用电子邮件进行沟通时，电子邮件设置出现问题，对方无法按时收到自己的电子邮件。

语义噪声，指的是沟通的信息符号系统差异所引发的沟通噪声。人们个体的差异往往会导致人们内在的信息符号代码系统不能完全一致，因此也就在客观上留有产生系统差异噪声的可能性。

7）反馈

反馈是指接收者把收到并理解了的信息返送给发送者，以便发送者对接收者是否正确理解了信息进行核实。通过反馈，双方才能真正把握沟通的有效性，可以让沟通的参与者知道思想和情感是否按照他们计划的方式分享，有助于提高沟通的准确性，减少出现误差的概率。为了检验信息沟通的效果，反馈是必不可少和至关重要的。与信息的传递一样，反馈的发生有时是无意的。如不自觉地流露出的表情等方式，会给发送者返回许多启示。面对面交谈的参与者可以获得最大的反馈机会，而且交流中包含的人越少，反馈的机会越大。获得反馈的方式可以是提问、观察面部表情以及肢体动作等。

二、沟通的种类

在沟通过程中,根据沟通符号的种类,沟通可分为语言沟通和非语言沟通,语言沟通又包括书面沟通与口头沟通;根据沟通是结构性的还是系统性的,沟通可分为正式沟通和非正式沟通;根据在群体或组织中沟通传递的方向,沟通可分为自上而下的沟通、自下而上的沟通和平行沟通;根据沟通中的互动性,沟通可分为单向沟通与双向沟通;从发送者和接收者的角度而言,沟通可分为自我沟通、人际沟通与群体沟通。

沟通包括语言沟通和非语言沟通,最有效的沟通是语言沟通和非语言沟通的结合。我们常常在处理用户的车辆故障投诉时,既向用户通过语言交流了解故障情况和用户需求,安抚用户,同时也通过填写正式的故障处理工作单来确认工作项目,以向后续工作部门传递信息。另外,还通过端茶递水等非语言的沟通方式表达处理问题的诚意,进一步宽慰用户。在工作过程中,语言沟通包括书面沟通和口头沟通,非语言沟通包括声音语气(比如音乐)、停顿与肢体动作(比如手势、舞蹈、武术、体育运动等)。

1. 语言沟通

语言本身就是力量,语言技巧是我们最强有力的工具。就像"花言巧语"可以帮助一个人获得他人的感情;语言可能使你逃离灾祸,也可能使你陷入泥潭;一个敢于站起来说话的人可能成为领导者;语言也可能使人受到极大的鼓舞或者极大的侮辱。

语言可以帮助你去获得他人的理解,并使你与他人的沟通变成可能。你对语言的驾驭使他人对你产生印象——你所处的状态和接受的教育。

2. 非语言沟通

根据美国加州大学洛杉矶分院(UCLA)研究者发现,在面谈中,信息的55%来自身体语言,38%来自语调,而仅有7%来自真正的语言。在影响他人时,人们自身也不断地从外界接收信息,接收信息的渠道有:眼神83%、听觉11%、味觉1%、嗅觉3.5%、触觉1.5%,视觉是接收信息最多的渠道。可见表达能力绝不只是你的"口才",非语言表达方式和语言同样重要,有时作用甚至更加明显。正如德鲁克所说:"人无法只靠一句话来沟通,总是得靠整个人来沟通。"通过非语言沟通,人们可以更直观、更形象地判断你的为人、你做事的能力,看出你的自信和热情,从而获得十分重要的"第一印象"。人们常说:耳朵听不见为失聪,眼睛看不见为失明。聪明就是耳聪目明,聪明的人能看出别人所看不出的方面,能听出对方的言外之意。人们控制要说的话比较容易,而控制身体语言却不容易,身体语言会将人的思想暴露无遗。

在现实生活中存在大量的非语言沟通,如一个眼神、一个细小的动作、一个简单的身体姿态、一件衣服、一个特别的位置、一件物体等,都代表了特定的沟通含义。非语言沟通中最为人知的领域是身体语言和语调,包括人的仪表、举止、语气、声调和表情等。看到学生的眼神无精打采或者是有人在翻阅校报时,大学老师无须言语就可以知道,学生已经厌倦了;同样,当纸张沙沙作响,笔记本开始合上时,信息也十分明确,下课时间到了;

一个人所用的办公室和办公桌的大小、一个人的穿着打扮都向别人传递着某种特定信息。如图6-1-2所示为沟通的结构与内涵框架图。

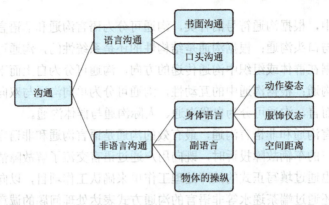

图6-1-2 沟通的结构和内涵框架图

三、沟通障碍及有效沟通的原则

（一）沟通障碍

在汽车服务沟通行为中，常常因为一些"意外"而使沟通无法实现，更要命的是甚至会出现相反的效果。这些情况都表明，沟通出现了障碍，有一些因素影响了信息的有效传递。

资源6-5 课件　资源6-6 微课

1. 个人的个性特征差异会引起沟通障碍

个体的性格、气质、态度、情绪、兴趣等的差别，都会成为信息沟通的障碍。

2. 知识、经验水平的差距所导致的障碍

在信息沟通中，如果双方经验水平和知识水平差距过大，双方往往依据经验上的大体理解去处理信息，使彼此理解的差距拉大，形成沟通的障碍。

3. 对信息的态度、观点和信念不同所造成的障碍

一是认识差异。在管理活动中，不少员工和管理者忽视信息的作用，这就为正常的信息沟通造成了很大的障碍。二是利益观念。在团体中，不同的成员对信息有不同的看法，所选择的侧重点也不相同。很多员工只关心与他们的物质利益有关的信息，而不关系组织目标、管理决策等方面的信息，这也成了信息沟通的障碍。

4. 个人的语言表达、交流、理解、记忆能力不佳所引起的障碍

在沟通中个人之间互相传递信息时，同样的信息由不同的人理解，含义是不一样的，组织中员工常有不同的背景，有着不同的说话方式和风格，对一样的事物也有着不同的理解，个人认识不同。

5. 相互不信任和沟通者的畏惧感所产生的障碍

沟通双方相互的不信任使得信息传递出现偏差或者延迟信息的传递。在管理实践中，信息沟通的成败主要取决于上级与上级、领导与员工之间的全面有效的合作。但在很多情况下，这些合作往往会因下属的恐惧心理以及沟通双方的个人心理品质而形成障碍。

6. 直觉选择偏差所造成的障碍

接收和发送信息也是一种知觉形式。但是，由于种种原因，人们总是习惯接收部分信息，而摒弃另一部分信息，这就是知觉的选择性。

归纳造成以上有效沟通障碍的诸多原因，有个人原因和人际原因。

个人原因又有以下几种情况：

（1）人们对人对事的态度、观点和信念不同造成沟通的障碍。知觉选择的偏差是指人们有选择地接受，例如，人们在接受信息时，符合自己利益需要又与自己切身利益有关的内容很容易接受，而对自己不利或可能损害自己利益的则不容易接受。

（2）个人的个性特征差异引起沟通的障碍。在组织内部的信息沟通中，个人的性格、气质、态度、情绪、兴趣等差别，都可能引起信息沟通的障碍。

（3）语言表达、交流和理解造成沟通的障碍。同样的词汇对不同的人来说含义是不一样的。顾客常常来自不同的背景，有着不同的说话方式和风格，对同样的事物有着不一样的理解，这些都造成了沟通的障碍。

人际原因主要包括沟通双方的相互信任程度和相似程度。

沟通是发送者与接收者之间"给"与"受"的过程。信息传递不是单方面的，而是双方的事情，因此，沟通双方的诚意和相互信任至关重要。在沟通中，当面对来源不同的同一信息时，人们最可能相信他们认为的最值得信任的那个来源的信息。客户与接待人员之间的猜疑只会增加抵触情绪，减少坦诚交谈的机会，也就不可能进行有效的沟通。

沟通的准确性与沟通双方间的相似性也有着直接的关系。沟通双方的特征，包括性别、年龄、智力、种族、社会地位、兴趣、价值观、能力等相似性越大，沟通的效果也会越好。另外，信息传递者在组织中的地位、信息传递链、团体规模等结构因素也都影响有效的沟通。许多研究表明，地位的高低对沟通的方向和频率有很大的影响。例如，人们一般愿意与地位较高的人沟通。地位悬殊越大，信息越趋向于从地位高的流向地位低的。信息传递层次越多，它到达目的地的时间也越长，信息失真率则越大，越不利于沟通。

案例一

场景：李宇是金星汽车特约维修中心的客户经理，在最近一段时间，他通过电话回访进行客户满意度调查。今天早上他一到公司，就开始了电话拜访。

"是王刚吗？"

"我是，哪位？"

"我是金星汽车特约维修中心的。"

资源6-7 演示动画

"有事吗?"
"是这样,我们在做一个客户满意度调查,想听听您的意见?"
"我现在不太方便。"
"没有关系,用不了您多长时间。"
"我现在还在睡觉,您晚点打过来好吗?"
"我待会也要出去啊,再说这都几点了,您还睡觉啊,这个习惯可不好啊,我得提醒您。"
"我用得着你提醒吗?你两小时后再打过来。"
"您还是现在听我说吧,这对您很重要,要不然您可别怪我。"客户挂断。

案例二

场景:李宇是金星汽车特约维修中心的客户经理,在最近一段时间,他通过电话回访进行客户满意度调查。今天早上他一到公司,就开始了电话拜访。

"您好,请问是王刚先生吗?"
"我是,哪位?"
"您好,我是金星汽车特约维修中心的客户经理,我叫李宇。"
"有事吗?"
"是这样,您是我们公司的老客户,为了能为您提供更好的服务,我们现在在做一个客户满意度的调查,想听取一下您的意见,您现在方便吗?"
"我现在不太方便"。
"噢,对不起,影响您工作了。"
"没有关系。"
"哪您看什么时候方便呢?我到时候再给您打过来。"
"噢,您中午再打吧。"
"噢,那不会影响您吃饭吗?"
"您十二点半打过来就可以了。"
"好的,那我就十二点半打给您,谢谢您,再见!"

资源6-8　演示动画

案例点评

第一个回访是比较差的,在这里,李宇在提问语气的使用上就有问题,更何况他没有考虑客户的当时情况,没有站在客户的角度上思考问题,从而导致回访没能达到预期的效果,也给客户留下了十分不好的印象。

第二个回访是比较成功的，在这里，李宇运用了一些技巧，先站在客户的角度思考问题，给客户留下了比较好的印象，在下次回访时肯定能得到预期的效果。

（二）有效沟通的原则

美国著名的公共关系专家特立普、森特在他们合著的被誉为"公关圣经"的著作《有效的公共关系》中提出了有效沟通的"7C原则"。

Credibility：可信赖性，即建立对传播者的信赖。

Context：一致性（又译为情境架构），指传播须与环境（物质的、社会的、心理的、时间的环境，等等）相协调。

Content：内容的可接受性，指传播内容须与受众有关，必须能引起他们的兴趣，满足他们的需要。

Clarity：表达的明确性，指信息的组织形式应该简洁明了，易于公众接受。

Channels：渠道的多样性，指应该有针对性地运用传播媒介以达到向目标公众传播信息的作用。

Continuity and consistency：持续性与连贯性，这就说，沟通是一个没有终点的过程，要达到渗透的目的，必须对信息进行重复，但又须在重复中不断补充新的内容，这一过程应该持续地坚持下去。

Capability of audience：受众能力的差异性，这就是说，沟通必须考虑沟通对象能力的差异（包括注意能力、理解能力、接受能力和行为能力），针对不同的沟通对象采取不同的方法实施传播，才能使传播易为受众理解和接受。

上述"7C原则"基本涵盖了沟通的主要环节，涉及传播学中控制分析、内容分析、媒介分析、受众分析、效果分析、反馈分析等主要内容，极具价值。这些有效沟通的基本原则，对人际沟通来说同样具有不可忽视的指导意义。

延伸学习

如何提升沟通技巧

与人交流要求我们巧妙地听和说，而不是无所顾忌地谈话。而与那些充满畏惧的人、怒火中烧的人或是遭受挫折的人交流就更难了，因为在这种情绪的控制下，我们会更加束手无策。但无论是在家里还是在工作中，不要对自己在沟通上的障碍感到绝望或是放弃！再好的交流家也是一点一点磨炼出来的。这里我们给你提供了一些小的秘诀以供参考。

1. 即使对方看上去是在对你发脾气，也不要与他还击

别人的情绪或是反应很可能和你一样，是由于畏惧或是受到挫败而造成的。做一个深呼吸，然后静静数到10，让对方尽情发泄情绪，直至他愿意说出他真正想的是什么。

2. 你不必知道所有的答案，说"我不知道"也是很好的

如果你想知道什么就说出来，然后说出你的想法。或者你愿意与对方一起找出问题的答案。

3. 对事实或感受做正面反应，不要有抵触情绪

例如说"多告诉我一些你所关心的事"或者"我了解你的失落"，总比说"喂，我正在工作"或"这不是我分内的事"（这很容易激怒对方）要好。掌握好每一次的交流机会，因为很多时候你可能因为小小的心不在焉而导致你与别人距离的疏远。

4. 比起你的想法，人们更想听到你是否赞同他们的意见

好多人在抱怨人们不听他们说话，但是他们忘了自己本身也没有听别人讲话！你可以给出你的全部意见，以表示出你在倾听，并这样说：

a."告诉我更多你所关心的事。"

b."你所关心的某某事是怎么回事啊？"

c."我对你刚才说的很感兴趣，你能告诉我是什么导致你如此相信它的吗？"

d."你为什么对某某事感到如此满意？"

5. 记住别人说的和我们所听到的可能会产生理解上的偏差

我们个人的分析、假设、判断和信仰可能会歪曲我们听到的事实。为了确保你真正了解，重说一遍你听到的、你的想法，并问："我理解得恰当吗？"如果你对某人说的话有情绪反应，就直接说出来，并询问更多的信息："我可能没有完全理解你的话，我以我自己的方式来理解，我想你所说的就是某某某的意思吧，这是你的意思吗？"

6. 坦白承认你所带来的麻烦和失误

做事要承诺一个期限，如果你需要别人的协助，就用你的活力影响他们。例如，如果你要更新某人的电脑，并要在她的办公室工作，你可以说："我知道在这个不方便的时间打扰你很不礼貌，但我将感激你的合作。我们的维修工作可以使你的工作系统恢复正常，我们将会在下午3点钟到你那去，5点钟就会结束工作。"

7. 如果没人问你，就不要指指点点

明知道说出来会对某人有好处的事但又不能说，真是会令人挠头。用婉转的表达方式，像"有可能是……"或"我也遇到过这种相似的状况，如果怎样怎样就可以帮助解决，你要是认为有用的话，我愿意与你分享更多我的经验。"以上这些总比你说"你应该怎么怎么样"好得多。

8. 求同存异

你们两个共同喜欢的是什么（尽可能不产生分歧）？把你的意见说出来，以找出共同点。例如："我认为这个计划可以使你取得成功。"

9. 记住改变会给人以压力

用你的热情影响你的雇员，他们就不会改变和失控。在这个混乱的世界里，这可以使我们平庸的生活变得更温馨。所以如果你在某人的周围，或者你需要他为你做什么，尽可能地告诉他你在什么时候需要什么帮助。如果可能的话，告诉他你也想帮助他。

10. 思维活跃，精力集中

我们看问题的角度总是从自己出发，或是根据环境给出我们的经验。很多被认为是成功的人，包括那些职业运动员、文人墨客，他们都有积极正面的思想。问问你自己："这个东西好在哪？"或"从这里我能学到什么？"来保持积极的状态。别忘了要采取不同的减压方法来使你的工作更愉快。大多数的人，包括你自己，都会以自我为中心。这也不是件坏事，这使得我们可以保护自己。不要假设谁会知道你的私心，把对你来说是最重要的事说出来，也问问别人什么对他们来说是最重要的，这会给你们的沟通打下良好的基础。

11. 提高你的听力技巧

好多人认为他们的听力很好，但事实上大多数的人根本就没听，他们只是说，然后想下一步该说什么。倾听意味着提出好的问题，排除杂念，比如：下一步该说什么、下一个该见谁。如果有人话里带刺，经常是因为他的心里隐藏着恐惧，他们想要你做的只是真实、友好的交谈。

拓展训练

完成上述学习后，仔细阅读本项目任务书的"任务描述"，同本组同学讨论，制订工作计划，进行角色分配，并进行情景模拟表演：假定某个同学是李嘉，另一个同学是客户，"李嘉"将如何取得客户的信任，达成有效的沟通，完成客户回访调查的工作。其他同学做情景模拟记录。最后，每组由一位同学做情景模拟总结发言。

任务 6-2　处理汽车客户关系危机

任务引入

李嘉在公司市场部已经工作一段时间了，对本部门营销策划、市场管理的工作逐渐顺手，因为经常接触客户材料，感觉对客户关系管理工作也逐渐熟悉起来。

一天，突然有一位客户直接闯入李嘉所在的办公室，声称要到当地媒体曝光 4S 店的服务恶劣。经了解，客户抱怨自己的车发动机水温高，来到 4S 店后，客服代表虽然做了工作安排，但已经两个小时了，也无维修人员进行维修，客户找到维修部门，维修部门称维修技师都在忙，叫再等两个小时，这下客户就恼火了。面对这突如其来的情况，李嘉再一次紧张起来，他感觉这事情以前从来没有碰到过，不知道怎么办。如果你是他，你会怎么做呢？

资源6-9　引入动画

任务分析

汽车客户关系危机是汽车 4S 店时有发生的工作情景，因此，不管什么品牌的 4S 店，都会有处理汽车客户关系危机的工作流程，甚至有专门的部门来处理客户对服务或汽车产品质量的投诉问题。如何正确看待客户的投诉以及由此带来的关系危机，是正确处理汽车客户关系危机的先决条件。因此，全面而且系统地学习关于客户投诉及投诉处理技巧的内容，是完成汽车客户关系处理课程的重要组成部分。在本任务中，李嘉所面对的客户投诉是多方面原因造成的，对此必须有相应的处理方式。

项目六 汽车客户关系危机管理

学习目标

知识能力	专业能力	社会能力
1. 理解客户投诉的定义和意义 2. 明确八种处理客户抱怨的错误方式 3. 理解影响处理客户不满、抱怨、投诉效果的三大因素 4. 理解客户关系危机处理的六步骤	1. 正确看待汽车客户投诉的意义 2. 掌握处理汽车客户关系危机的要诀：先处理感情，再处理事情 3. 根据情境化教学描述客户关系危机处理的技巧以及应对策略	1. 树立服务意识、规范意识 2. 强化人际沟通的能力，具备维护客户关系的能力 3. 具备维护组织目标实现的大局意识和团队意识

相关知识

一、认识汽车客户关系危机

（一）汽车客户关系危机的实质

汽车客户关系危机是投诉处理未能得到解决。

近年来，随着私家车拥有量的倍增，汽车维修行业客户投诉也逐渐上升，如图6-2-1所示。作为汽车维修行业来说，能够正确、合理地处理好客户投诉问题是至关重要的，这不仅可以帮助维修企业及时了解最新的市场服务动态，还能够捕捉到一些对企业未来发展更有价值的商业信息。

资源6-10 课件（1）　　资源6-11 课件（2）

资源6-12 微课

当客户对产品或服务不满时，客户会采取不同的处理方式。下面用表6-2-1的形式呈现假如客户不去投诉、投诉没有解决、投诉得到解决、投诉很快解决的不同结果。

图6-2-1 客户投诉

125

表 6-2-1　客户投诉情况表

类　　型	结　　果
不去投诉	91%的客户不回来
投诉没有解决	81%的客户不回来
投诉得到解决	25%的客户不回来
投诉很快解决	85%的客户会回来

从客户投诉的表象来看，客户投诉是一个麻烦，是客户对商品或服务的不满与责难，但客户投诉的实质是客户对汽车维修企业信任与期待的体现，也是汽车维修企业能进一步赢得客户信任，获得客户认同的很好的机会，同时可展现汽车维修企业主动为客户服务的积极形象。

（二）客户投诉的原因

一位你不认识的客户来到经销店，该客户 3 个月前购买了一辆 BMW320i 型车，目前行驶了 4 500 公里。而且之前因为其他故障来过服务店三次。本次客户反映车辆在使用过程中空调不凉，此时客户非常生气，进行投诉，要求予以解决。

经检查，客服人员发现这次只是自动空调被无意中关闭了，并没有太大的问题，客服人员还列举了前三次的情形：

第一次故障：空调不制冷，制冷剂不足。

第二次故障：修理车窗漏水，现在问题已解决。

第三次故障：保修车辆费油，检查一切正常。

以上案例就是在现实生活中真实发生的事情，汽车维修服务人员很快找到引起客户投诉的原因，并迅速处理好客户的投诉。

归纳起来，引起客户投诉的因素很多，因事而异、因人而异，主要涉及四个方面：客户的期望值、产品和服务的质量、服务人员的态度与方式、客户自身的原因。

1. 客户对于产品或服务的期望值过高

客户的期望在客户对企业的产品和服务的判断中起着关键性的作用，客户将他们所要的或期望的东西与他们正在购买或享受的东西进行对比，以此评价购买的价值。简单地用公式表示：

$$客户的满意度 = 客户实际感受 / 客户的期望值$$

一般情况下，当客户的期望值越大时，购买产品的欲望相对就越大。但是当客户的期望值过高时，就会使客户的满意度越小；当客户的期望值越低时，客户的满意度相对就越大。因此，企业应该适度地管理客户的期望。当期望管理失误时，就容易导致客户产生投诉行为。

管理客户期望值的失误主要体现在两个方面：

（1）"海口"承诺与过度销售。例如，有的汽车销售商承诺客户可以包退包换，但是一旦客户提出退换要求时，总是找理由拒绝。

（2）隐匿信息。在广告中过分地宣传产品的某些性能，故意忽略一些关键的信息，转移客户的注意力。这些管理的失误导致客户在消费过程中有失望的感觉，因而产生投诉。

2. 产品质量或服务的问题

这主要表现在：产品本身存在问题，质量没有达到规定的标准；价格过高；标示不符；商品缺货；产品的包装出现问题，如包装破损导致产品损坏；产品出现小瑕疵；客户没有按照说明操作而导致出现故障。有时客户的投诉没有任何理由，因为产品完好无损，客户的投诉并不在于产品本身，而在于产品的实际效用。产品可能不符合客户的需要，或者产品过去符合客户的需要，但由于某种情况的变化，现在已经不符合了。

3. 企业员工的服务态度和方式问题

企业通过员工为客户提供产品和服务，员工缺乏正确的推销技巧和工作态度，都将导致客户不满，使客户产生抱怨或投诉。这主要表现在以下几个方面：

1）企业员工服务态度差

不尊敬客户，缺乏礼貌；对客户的询问不理会或回答出言不逊；语言不当，用词不准，引起客户误解；企业员工有不当的身体语言，例如对客户表示不屑的眼神，无所谓的手势，面部表情僵硬等。

2）缺乏正确的推销方式

缺乏耐心，对客户的提问或要求表示烦躁，不情愿，不够主动；对客户爱理不理，独自忙乎自己的事情，言语冷淡，语气不耐烦、敷衍，似乎有意把客户赶走。

3）缺少专业知识

无法回答客户的有关汽车专业的问题或者答非所问，结算错误；让客户等待时间过长。

4）过度推销

过分夸大产品与服务的好处，引诱客户购买；或有意设立圈套让客户中计，强迫客户购买。

5）企业环境的公共卫生状态不佳

安全管理不当；店内音响声音过大；对服务制度如营业时间、售后服务以及各种惩罚规则等投诉。

4. 客户自身的原因

有些客户爱提意见，似乎这已成为一种习惯。客户有时投诉是没有根据的投诉，也许是客户情绪不佳的缘故，因此公司产品就成了客户投诉的导火线。客户有可能因自己使用方法不当而误认为公司的产品有问题，而客户本人并不知道他自己的使用方法有问题，也会导致客户投诉。

（三）处理客户投诉的意义、方式和要诀

1. 处理客户投诉的意义

1）改进产品或服务的失误

汽车维修服务企业在调查客户的投诉、建议与意见中，可以发现自身在经营管理上存

在的问题。客户投诉有利于纠正汽车维修企业在营销过程中的问题和失误，发现产品在生产和开发中存在的问题，并且企业还可以利用客户投诉，有意识地给有关部门施加压力，不断改进或改善工作。因此，客户投诉管理不是单纯地处理客户的不满，还是一种非常重要的反馈客户信息的途径。汽车维修企业了解到客户的不满，主动研究这些客户需要，可以帮助企业开拓新的商机。尤其是企业在进行改革或是上市新的产品时，更需要倾听客户的意见。

2）再次赢得客户的机会

向汽车维修服务企业投诉的客户一方面是寻求解决方案，另一方面也说明客户并没有对汽车维修服务企业绝望，而是希望企业再次尝试。企业应该积极并且系统地处理来自客户的咨询、建议与投诉，通过补偿客户在利益上的损失，再次赢得客户的谅解和信任。许多投诉案说明，只要客户投诉处理得当，客户大多数比发生失误之前有更高的忠诚度，更希望与企业建立良好的关系，从这个角度来说，汽车维修服务企业不应惧怕客户投诉，而是应该欢迎客户投诉。

3）建立和巩固良好的企业形象（如图6-2-2所示）

客户投诉如果能得到及时有效的处理，客户的满意度会大幅度提高，客户会不由自主地担任汽车维修服务企业的宣传员。客户的这些正面口碑不仅可以增强现有客户对汽车维修服务企业的信心和忠诚度，还可以对潜在的客户产生影响，有助于提高企业在客户心中的地位，建立企业是将客户利益放在首位，真心实意为客户着想的良好形象。优秀的企业都会加强与客户的联系，非常善于倾听客户的意见，不断纠正企业在销售和服务过程中出现的失误和错误，补救和挽回给客户带来的损失，维护企业声誉，提高产品质量和服务，从而不断巩固老客户，吸引新客户。

图6-2-2 良好的企业形象

2. 听取客户抱怨的方式

客户是企业的上帝，面对客户的投诉，汽车维修服务企业的服务人员要注意接受客户投诉的方法。要注意的事项如下：

（1）充满感情地倾听客户抱怨；

（2）在客户说完之前，不要打断他的话，让他充分地发泄；

（3）保持眼光接触；

（4）使用身体语言，例如点头；

（5）保持合作态度，不要有抵触心理；

（6）避免指出客户的错误或谴责客户；

（7）诚心听取抱怨，态度真诚、自信，不要畏缩。

3. 处理客户投诉的要诀：先处理感情，再处理事情

1）马上给客户送上"一个笑脸、一句好言、一杯热水、一声请坐"

自己马上拿出"一支笔、一个本"准备记录，投诉者会有一种被重视的感觉，火气马上会小很多；同时告诉投诉者："我们十分理解你现在的心情。"请他冷静，这样有可能将一件复杂的事情简单化处理。

2）接受客户投诉时应注意态度

客户投诉或反映问题时，最讨厌对方的推诿。接待投诉者应收起个人的脾气，从企业全局的角度来接待和处理客户的投诉。

3）接受客户投诉时应注意做好记录

投诉处理的过程如图 6-2-3 所示。

图 6-2-3　投诉处理的过程

接待投诉时要全神贯注地倾听客户的讲述，做好记录，满足投诉者发泄欲望的情绪是有效解决问题的第一步；要在记录中分析判断客户投诉问题的症结何在。

二、客户投诉管理

（一）影响处理客户投诉效果的因素

企业在处理客户投诉时，应注意合适的方法和技巧，而影响处理客户投诉效果的因素

主要有三个:
1. 注意接受客户投诉的企业工作人员的沟通语言

处理客户投诉的沟通语言要慎重；在与愤怒的客户沟通的时候，措辞是必须非常谨慎的。语言既可以平息怒火，也可以成为冲突的导火索。选择正确的措辞，表明一种积极的、乐于助人的态度是非常重要的，并且与客户沟通时注意如下原则：

（1）对事不对人的原则；

（2）间接说明客户的错误原则；

（3）负责任地告诉客户能做并及时把客户介绍给能帮他的人的原则；

（4）理解和认同的原则。

面对愤怒的客户，要让你的语调平静、坚定，充满关切和安慰，"我非常能理解您现在的心情"；"您一定是个通情达理的人"；如果你的说话声听起来恼怒、不耐烦，或居高临下，那么客户会更加愤怒。如果你的说话声听起来很自信而且有礼貌，那么客户会相信你的态度很认真，这样就比较容易平息他的不满，用积极的行为促成良好的结果。

2. 注意接受客户投诉的企业工作人员的表情

你的面部表情应当向客户表明你对他们的困境是关心和理解的，你的表情可以是平静的、关切的、真诚的和感兴趣的。

3. 注意接受客户投诉的企业工作人员的动作

答复客户的不满时，不要露出茫然的样子，即使是自己不清楚的领域，也要自信、礼貌地回答，并将其引到负责该领域的同事那里，不要表现出对客户的不耐烦，在实际工作过程中，也出现过因为接受客户投诉的企业工作人员因动作表现出的不耐烦，造成客户对该工作人员的投诉，甚至出现客户直接越级投诉的现象。

（二）处理客户投诉时的心理准备

客户投诉是一种"人"感情的渲泄，这种"人"的因素使投诉最终成为人与人之间相互接触、交流的机会。特别是在对方是一位客户，且是一位有着投诉心理的客户的情况下，这种交流变得更加重要。因此，对于投诉的客户，要动之以情，晓之以理。

1. 坚信自己是处理客户投诉的重要人物

汽车维修服务企业工作人员应坚信自己是通过处理客户投诉，给客户以满足，给企业带来莫大利益的重要人物。同时更应坚信正确处理客户投诉、满足客户的合理要求所产生的利益是不可计量的。

2. 坚信自己是客户的代表

汽车维修服务企业工作人员应坚信自己是投诉处理的工作者，是"客户的代言人"，如果从"客户的利益就是企业的利益"这个角度来说，处理客户投诉的人负有把客户的呼声反映给企业的任务。因此，处理客户投诉的工作人员是企业与客户沟通的桥梁和纽带。

3. 诚心诚意地听取客户的主张

对于汽车维修服务企业工作人员来说，可能是微不足道的不满，但对客户来说，却是极为重大的问题。当有客户投诉时，工作人员最重要的是要把自己的心胸打开，留神聆听对方的主张。切勿主观臆断,简单地判断对方的说话。

4. 不可表面恭恭敬敬,内心却无礼

汽车维修服务企业工作人员与客户接触时的态度,尽管在表面看来很有礼貌,但如果内心轻蔑对方,必定会在言辞片段中露出马脚,使对方不高兴。对于企业工作人员来说,处理客户投诉属于日常业务,很容易随随便便地加以处理。但对于客户来说,那是生活上发生的异常情形,企业工作人员千万不要忘记这一点。

5. 要认清客户有听取说明的权利

在客户的投诉中,由于客户的误会所引起的问题,也绝不在少数。例如:客户大声叫嚷:"你们公司的服务不完善,理赔为什么困难重重?"尽管从表面看来,客户的投诉并没有正当的理由,但客户有投诉的权利和反映的权利。工作人员针对客户前面的投诉仔细一查,原来是不符合保险合同的规定、理赔的条件,接待客户投诉的企业工作人员要认为这是客户赐给你的一个启发他的好机会,要好好把握,才能取得客户的最终信任。

(三)处理客户投诉的方法及技巧

1. 处理客户投诉的一般方法

"客户就是上帝",这句话用在汽车行业中是十分恰当的。只有正确对待和处理客户的投诉,才能及时改进工作中的错误,让客户满意,赢得客户的信任,赢得忠诚客户。处理客户投诉的一般方法如下:

1)耐心倾听客户的投诉,微笑服务(见图6-2-4)

面对客户的投诉,第一时间是倾听。客户的投诉,有时是正确的,有时是错误的;有的问题属于厂家,有的问题属于商家;有的问题属于客户自己使用不当,有的问题属于产品缺陷。那么,如何区分和处理呢?

图6-2-4 微笑服务

把80%的时间留给客户,允许他们尽情发泄,千万不要打断。设身处地地想一想,如果经销商自己遇到汽车的质量问题会如何恼怒!这样,经销商就能够容纳委屈。客户无论对错,他们疾风暴雨地发泄后,会冷静地等待经销商的处理。倾听时不可有防范心理,不要认为客户吹毛求疵，鸡蛋里挑骨头。绝大多数客户的不满都是因为企业工作人员的失误造成的。即使部分客户无理取闹，工作人员也不可与之争执。无论投诉的原因是什么，也无论投诉的是谁，都应该首先感谢客户提出了宝贵意见。千万不可和客户争论，而应以诚心诚意的态度来倾听客户的抱怨。当然，不只是用耳朵听，为了处理上的方便，在听的时候别忘了一定要记录下来。

2）冷静分析客户的投诉

聆听客户的抱怨后，必须冷静地分析事情发生的原因与重点。客户在开始陈述其不满时，往往都是满腔怒火，我们应在倾听的过程中不断地表达歉意，同时允诺将在最短的时间内解决问题，从而使客户逐渐平静下来，平息怒火。

3）变更"地点、人物、时间"

根据客户投诉的强度，可以采取变更"地点、人物、时间"的方法，即"变更场地"，将客户从门厅请入会客室，尤其对于感情用事的客户而言，变个场所较能让客户恢复冷静；"变更人员"，请出高一级的人员接待，以示重视；"变更时间"，与客户约定另一个方便时间，专门解决问题。要以"时间"换取冲突冷却的机会，告诉客户："我回去好好地把原因和内容调查清楚后，一定会以负责的态度处理的。"这种方法可获得一定的冷却期。尤其是当客户所抱怨的是个难题时，更应尽量利用这种方法。这种方法称为"三变法"。其要点是无论如何都要让对方看出销售企业的诚意，使投诉的客户恢复冷静，就不会使抱怨更加扩大。

4）快速找出解决方案

首先应该确认自己理解的事实是否与对方所说的一致，并站在对方的立场上替客户考虑。每个人有每个人的价值观和审美观，很可能对客户来讲非常重要的事情，而经销商却感到无所谓。因此在倾听的过程中销售企业工作人员的认识与对方所述可能会有偏差。这时一定要站在客户的立场上替客户考虑，同时将听到的内容简单地复述一遍，以确认自己能够把握客户的真实想法。

5）化解客户的不满

诚恳地向客户道歉，并且找出让客户满意的解决方法。解决方案应马上让客户知道。当然在他理解前应尽可能加以说明和说服。为了恢复企业的信用与名誉，除了赔偿客户精神上以及物质上的损害之外，更要加强对客户的后续服务，使客户恢复原有的信心。

最后，汽车企业要重视客户的每一次投诉，通过一个投诉，多做反省，及时采取补救措施，杜绝类似情况的发生。

2. 处理客户投诉的技巧

主要有以下五个方面：

1）虚心接受客户投诉，耐心倾听对方诉说

客户只有在利益受到损害时才会投诉，作为客服人员，要专心倾听，并对客户表示理解，并做好记录。待客户叙述完后，复述其主要内容并征询客户意见，对于较小的投诉，自己能解决的，应马上答复客户；对于当时无法解答的，要做出时间承诺。在处理的过程中无论进展如何,到承诺的时间,一定要给客户答复,直至问题解决。

2) 设身处地,换位思考

当接到客户投诉时,首先要有换位思考的意识。如果是本方的失误,首先要代表公司表示道歉,并站在客户的立场上为其设计解决方案。对问题的解决,也要有三到四套解决方案,可将自己认为最佳的一套方案提供给客户,如果客户提出异议,可再换另一套,待客户确认后再实施。当问题解决后,至少还要有一到二次征求客户对该问题的处理意见,争取下一次的合作机会。

3) 承受压力,用心去做

当客户的利益受到损失时,着急是不可避免的,以至于客户会提出一些过分的要求,这也是难免的。作为客服人员,此时应能承受压力,面对客户始终面带微笑,并用汽车专业的知识予以讲解,以积极的态度解决客户投诉的问题。

4) 有理迁让,处理结果超出客户预期

客户和企业出现纠纷后,客服人员要用积极的态度去处理,不应回避。在客户与你联系之前,先与客户进行沟通,让他了解每一步进程,争取圆满解决并使最终结果超出客户的预期,让客户满意,从而达到在解决投诉的同时抓住下一次商机的目的。

5) 长期合作,力争双赢

在处理投诉和纠纷的时候,一定要将长期合作、共赢、共存作为一个前提,此外,客服人员应明白自己的职责,首先,解决客户最想解决的问题;其次,努力提升在客户心目中的地位及信任度,通过汽车专业知识的正确运用,最终达到客户与企业都满意的效果。用心合作如图6-2-5所示。

3. 避免处理客户抱怨的8种错误方式

1) 只有道歉,没有进一步行动

假如接到客户投诉,但是汽车维修企业却没有任何弥补行动。"很抱歉!但我实在无能为力。""对不起,你的问题无法解决。"客户会说:"你们很会说'对不起',可是并不去解决问题,对不起根本不够。"

图6-2-5 用心合作

2) 把错误归咎到客户身上

"你一定弄错了。""你应该早一点说,现在已经没有办法了。"正确的方法应该是把错误归咎到自己身上。最常说的一句话应该是:"对不起,这是我的错。"并及时提供解决方案。

3) 做出承诺却没有实现

汽车维修服务人员在接到客户投诉后,满口向客户承诺保证会很快改正错误,但是却没做到,这样可能会适得其反。客户会认为:"你们说话不算话。"如果你没有100%的把握,就不要轻易许下承诺。

4) 完全没反应

这种情况发生的次数比想象的还要多,很多人对客户口头或书面的抱怨根本不理会。

客户打了好几次投诉电话，每次服务人员都会说再联络，但是却没有下文。客户会认为："算了，这些人只想要我的钱，赚到钱之后就不见人了。"客户都会认为汽车维修企业在开展业务时非常热情，但是碰到客户投诉的问题时，热情变成冷漠，能找很多搪塞的理由，客户有一种上当受骗的感觉。

5）粗鲁无礼

很多客户都受过无礼的待遇，服务人员连最基本的礼仪都没有。很多人被羞辱，比较严重的时候，客户甚至觉得自己像个罪犯。企业人员可能会说："从来没有人抱怨过这种问题。"但这并不表示客户没有抱怨，只表示还没有人愿意提出来而已。碰到这种状况，客户会觉得："以后我再也不要跟你们这种汽车专营店打交道了。"

6）逃避个人责任

"这不是我做的，不是我的错。我很愿意帮你，但这事不归我管。""我只是个领人薪水的普通员工，规矩不是我订的……帮你服务的人不是我——是我的同事。""那你到底想怎么样？"客户会觉得："这些人真会推卸责任。没人敢负责，要么就是把不管事的助理找来，什么事也解决不了，要么就是把情况推给别人处理。"

7）非言语的排斥

有时候，接受抱怨的人虽然在听客户的抱怨，但他时不时地皱眉头、东张西望、看手表，明显表示不耐烦，他们觉得客户在浪费他们的时间，他们觉得他们还有更重要的事要做，不能光站在这里听着客户抱怨。这些举动虽然没有大声地说出来，但是在那种情况下，所传递的信息再明显不过了。客户会觉得："他们说想听我的抱怨，可是让我觉得一点都不愉快。"

8）质问客户

还没有表示有心想解决客户的问题，就先问客户一长串问题。"你叫什么名字？什么地址？什么时候买了我们公司的产品？谁帮你服务的？谁跟你这么说的？"也许你在为客户解决问题之前，的确必须先问一些问题，但这样问问题的方式却是不合适的。客户会认为："我只想讨回公道而已，他们为什么把我当成犯人？"但像这样质问客户，经常会给客户造成的进一步伤害。

总之，处理客户投诉需要注意禁忌，并用正确的处理方法，如表6-2-2所示。

表6-2-2 处理客户投诉禁忌及正确的处理方法

禁　　忌	正确的处理方法
立刻与客户摆道理	先听，后讲
急于得出结论	先解释，不要直接得出结论
一味地道歉	道歉不是办法，解决问题是关键
言行不一，缺乏诚意	说到做到
这是常有的事	不要让客户认为这是普遍性

续表

禁　忌	正确的处理方法
你要知道，一分价钱，一分货物	无论什么车的用户，我们都提供同样优质的服务
绝对不可能	不要用武断的口气
这个我们不清楚，你去问别人吧	为了您能够得到更准确的答复，我帮您联系×××来处理好吗
这个不是我们负责的，你问别的部门吧	
公司的规定就是这样的	为了您的车辆的良好使用，公司制定了这样的规则

（四）客户投诉处理程序

1. 确立投诉渠道、受理部门和人员

如何让客户的投诉顺畅到达企业是非常重要的一个问题，因为客户投诉渠道本身既反映了企业对待客户投诉的态度，同时也是企业获得与投诉客户有效沟通的重要环节。一般而言，客户投诉渠道有以下几种：

1）接受客户投诉的专门机构

资源6-13　课件　　资源6-14　微课

企业要设立专门的机构或专人来负责接受和处理客户投诉。

2）客户投诉热线

电话是目前最为普及的通信工具，也是广大群众都较熟悉的工具，具有使用方便、沟通迅速的特点。所以电话这一投诉渠道是不可缺少的。如上海通用较早开通了"800"客户免费投诉热线。

3）投诉联系地址

信件是最为传统的联系方式，虽然较为缓慢，但信件可以有足够的空间和时间让客户详细描述其意见和抱怨，所以这也非常重要。

4）国际互联网络

这是一种崭新的渠道，是未来发展的一大趋势。客户通过浏览企业的网页，在相应的栏目下留言或发送E-mail，都可以达到快速沟通的目的。

有了便利又快捷的客户投诉渠道，就可以避免客户有怨无处可诉或是费尽周折才可投诉的情况，这不但可以避免客户不满程度的进一步加剧，同时也迈出了与客户沟通的第一步。

2. 记录投诉内容并鼓励客户解释投诉问题

利用客户投诉记录表详细地记录客户投诉的全部内容，如投诉人、投诉时间、投诉对象、投诉要求等。在有机会倾诉他们的委屈和愤怒之后，客户往往会感觉好多了。销售人员要让客户充分地解释问题而不要打断他，打断只会增加已有的愤怒和敌意，并且使问题更难处理。一旦愤怒和敌意存在了，说服劝导更难，几乎不可能达到对双方皆公平的解决办法。此外，销售人员还必须同样宽容、开诚布公地对待那些很少表明他们的愤怒、较少

冲动但也许有着同样深的敌意的客户。

3. 判断事实真相并判定投诉是否成立

因为很容易受竭力为自己索赔讨个说法的客户的影响，销售人员必须谨慎地确定有关的事实信息。用户总是强调那些支持他的观点的情况，所以销售人员应在全面、客观认识情况的基础上，找出令人满意的解决办法。当事实不能揭示问题的真相，或客户和公司都有错时，最困难的情况就出现了。在这种情况下，需要使客户了解获得一个公平的解决办法的困难，然而，无论如何，目标仍然是使客户投诉得到公平的处理。了解客户投诉的内容后，要判定客户投诉的理由是否充分，投诉要求是否合理。如果投诉不能成立，就可以宛转的方式答复客户，取得客户的谅解，消除误会。

4. 确定责任部门并提供解决办法

根据客户投诉的内容，确定相关的具体受理单位和受理负责人。如属运输问题，交储运部处理；属质量问题，则交质量管理部处理。在倾听客户意见，并从客户的立场出发考察每一种因素之后，销售人员有责任采取行动和提出公平合理的最终解决办法。所以，一些公司规定解决问题是销售人员的责任，另一些公司则规定当实际的解决方案由总部的理赔部门做出时，销售人员应调查问题和提出备选方案。允许销售人员做出处理决定的公司认为，因为销售人员最接近客户，所以他们最适合以恰当的方式做出公平的、令人满意的结论。运用相反方法的公司认为，如果解决方案来源于管理层而非销售人员，客户可能更易于接受。

5. 建立商业信誉

销售过程中的最终推动力，尤其是售后服务，应该是以良好的商誉为导向的。商誉是客户对销售人员、公司以及它的产品的一种积极的感情和态度。满意的客户信赖公司及其产品，对之有强烈的好感。一旦客户对公司及其产品失去信任，他们的好感也随之消失。良好的商誉不仅有助于达成初次交易，也能促进重复购买。商誉有助于客户在众多的有着相似质量和档次的竞争性产品中选择该公司的产品，也有助于吸引新的客户并提供参照意见。积极的口碑胜过其他任何事物，也是公司所能做的最好的广告。

6. 进行投诉总结并反馈

对投诉处理过程进行总结与综合评价，吸取经验教训，提出改进对策，不断完善企业的经营管理和业务运作，以提高服务质量和服务水平，降低投诉率。

解决客户投诉后，打电话或写信给客户，了解客户是否满意，一定要与客户保持联系，尽量定期拜访他们。

（五）处理客户投诉的类型和对策

1. 客户投诉的类型

客户投诉的类型有 4 种：宣泄型、习惯型、秋菊型、现实型，面对不同的客户投诉，采取的方法也不同。

1）宣泄型

特征：客户来店抱怨宣泄是其主要目的之一，客户在来店之前并没有明确的目的，比如对超出保修期的维修、保养费用过高的抱怨。

应对方法：花点时间耐心听；热对应，冷处理。

2）习惯型

特征：客户像专家、领导或者长者一样，习惯挑毛病或指出不足；本身并没有什么特别的或者特定的不满，喜欢表现自己的见多识广和高人一等。

应对方法：用谦虚的态度、尊敬的神态，耐心听取；热对应，冷处理。

3）秋菊型

特征：不管问题大小，无论如何也要讨个说法，甚至宁愿自己承担维修费用也在所不惜，精力旺盛、坚韧不拔。

应对方法：很难对付，需要讲究策略。

4）现实型

特征：客户本身并没有什么抱怨或者对公司的处理感到可以接受，但客户的上司、老婆或者朋友有很多意见、建议，客户夹在中间进退两难。

应对方法：晓之以理，动之以情，使客户作出自己的判断；直接和客户的上司、老婆对话。

2. 客户投诉最多的领域

提供汽车服务类企业，面对客户投诉最多的是：在服务质量方面，未能达到客户的期望值，如服务态度不好、怠慢、轻率等；在汽车售后索赔方面：由于未明确沟通保修索赔条件等造成企业与客户的矛盾；在汽车产品质量方面：由于设计、制造或装配不良所产生的质量缺陷；在汽车维修技术方面：因维修技术欠佳，发生一次未能修好的情况等。

提供汽车配件类服务企业，面对客户投诉最多的是：在维修过程中，未能及时供应车辆所需配件，客户进行投诉；在汽车配件价格方面：客户主观认为配件价格过高或收费不合理；在汽车配件质量方面：由于配件的外观质量或耐久性等存在问题等。

在 4S 店，面对客户投诉最多的：企业承诺未履行、交车日期延误、买贵了（价格调整）、夸大产品性能、销售服务态度不佳等。

更要万分引起重视的是，如果汽车维修企业面对重大客户投诉处理不妥，将会造成更为严重的后果，重大客户投诉的主要内容如下：

1）在客户的心态方面

客户的期望已超过车辆本身的赔偿期望。

2）在处理程序方面

该投诉已经过维修站、经销商、现场经理的处理且无法和客户达成处理意见。

3）在赔偿金额方面

大大超出企业按惯例实施的善意补偿标准（人民币一万元以上）。

4）在风险方面

该投诉可能涉及公关、媒体、法律等，处理不当，会直接造成企业信誉的损毁。

5）在处理方式方面

该投诉无法通过企业的售后政策、无法采用维修和技术手段解决。

3. 处理客户投诉的对策

1）息事宁人策略

妥协不仅仅是为了息事宁人而做出的让步，更重要的是它能找到同时满足双方需要的办法。需要是其动因，如果能在满足自身需要的基础上切实满足对方的真实需要，那么你在处理客户投诉的过程中就会处于有利的主导地位，而你给对方的投诉处理也会在双赢中迎来一个两全其美的结局。

妥协就是为了满足双方的需要，因此在投诉处理中是十分重要的。

所以在处理客户投诉的过程中，要注意语言和行为等方面的细节，服务礼仪要到位，对客户的抱怨和投诉表示理解，表示歉意，在处理的过程中晓之以理，诚心帮助。同时不要忽略感情投资，注意感情沟通，处处为客户着想。

2）黑白脸配合策略

黑白脸策略是指在客户进行投诉的时候，一方成员扮演黑脸，说事情很难处理或者无法处理之类的话语。另外一个成员扮演白脸，说在某些方面可以进行处理等，这就是黑白脸策略。但黑白脸策略要看具体情形，尤其要注意的是：如果在客户非常生气的情形下就不宜采用。

3）将错就错策略

在处理客户抱怨和投诉的，可以采用将错就错策略来平息客户的抱怨。即以"过程"推断责任，在处理过程中，详细记录处理过程，避免纠纷；要晓之以理，动之以情；求心服，不求口服。然后以"解决"摆脱困境，在处理过程中要对事不对人，不要抓住用户的把柄不放；穷寇勿追，点到为止；最后提供事件的处理方案。

4）丢车保帅策略

车本是象棋里面最得力的一对棋子。但是被别人将军了，在没有其他的办阻挡时，只有拿车去挡，这时也不得不这样做。

比喻为：丢掉重要的东西（事物）来保住更重要的东西（事物）。

丢车冤枉，但是帅更值钱。在处理机动车辆客户投诉的过程中，在可容许的范围内，可通过赠送免工时费、零部件费打折或免费、特例保修、送精品、更换总成等方法来平息客户的抱怨和投诉。但是要注意不要太早亮出自己的底牌，否则将难以满足客户。这样可以避免事件扩大，否则，易产生广告效应，给公司或企业形象造成影响，使品牌、声誉受损。

5）威逼利诱策略

在处理客户的抱怨和投诉的过程中，如遇到难缠、不讲理的客户，可以采用威逼利诱策略。威逼的依据主要有：国家在法律和政策上的规定、汽车维修行业的规定（先维修，后更换），等等。这时要注意威而不严，比如：经过调查，我们手中掌握证据；拖得越久，客户损失越大等。在进行利诱时要注意击中要害，利诱要有针对性。

因此，在处理客户投诉时具体采用什么策略，需依照具体情形，可以单独采用某种策略，也可以综合采用多种策略，但其目的都是及时、准确地解决客户投诉，以便找到解决问题的方案，消除客户不满，使客户满意，这样才能建立良好的企业与客户的关系。

顾客抱怨及投诉的心理分析

当今服务业发展日趋完善，竞争日趋激烈，一切从顾客利益出发，一切为顾客着想的经营理念，已经被业内绝大多数人士所认同。但是在我们不断研究和探索顾客意愿的过程中，我们仍不可避免地要面对顾客的投诉。而且顾客投诉所涉及问题之广泛，对产品、服务之挑剔，都使我们感到越来越难。这是因为顾客的需求无论从内容、形式上，还是从需求层次上，较之以前都发生了很大的变化，而我们提供的产品和服务却没有跟上顾客需求的变化，所以，必然会引起顾客的不满，使顾客利用各种方式来表达他们的意见和要求，产生投诉。

1. 客户抱怨及投诉的原因

一般来说，只要顾客因不满意而投诉，那就说明我们的管理或服务有疏漏之处，所以分析顾客投诉，首先应从主观因素入手。顾客投诉有着较为复杂的心理，且因人、因事而异，故而也存在一些客观的因素，也使我们处理顾客投诉成为较棘手的问题。综合分析各种原因，主要有以下四点：

1）对产品质量投诉。

产品质量确实有问题，顾客自然会抱怨或投诉。

2）对服务态度的投诉

工作人员不尊重顾客，表现在表情冷淡，态度生硬，不尊重顾客的生活习惯；无端怀疑顾客；对顾客的外貌和衣着指指点点等。故意拖延顾客；损坏或遗失顾客物品；忘记或搞错顾客委托代办的事情等。技能不熟练，培训不到位，匆忙上岗，工作失误较多。不能一视同仁，以貌取人，厚此薄彼，冷热不均，当着顾客的面拉关系、走后门，等等。

3）对公司的投诉

企业不注重社会形象，使顾客失望。如虚假广告宣传，出售给顾客的商品有假冒伪劣情况等。公司工作人员的法制观念较淡薄，顾客的自我保护意识和法制观念正在增强，而工作人员却不懂得如何尊重和保护消费者的合法权益。

4）客户满意度不同

顾客个性不同，导致不同类的顾客对待满意的态度不尽相同。理智的顾客遇到不满意的事，不会大吵大闹，但会据理相争，寸步不让；急躁的顾客，遇到不满意的事就会投诉且大吵大闹，不怕把事情搞大，最难对付；而有些顾客遇到不顺心的事，可能会无声离去，决不投诉，但永远不会再来。

2. 客户抱怨演变过程

客户抱怨发展演变而形成投诉，一般分为三个阶段：潜在抱怨、潜在投诉、投诉。由此可见,顾客投诉并非一朝偶然爆发,而是由诸多必然的潜在不满意累计形成的。所以,我们平时工作时就应该尤为关注对于顾客满意的细节处理,即在一定程度上做好投诉的预防工作。

顾客在抱怨的过程中其心理特点如下:

潜在抱怨阶段:顾客从不满意到投诉,在心理上表现为渐进过程。当顾客买到低于期望值的商品或服务时,就会失望产生挫折感,对服务人员产生情感抵触。这时,如果我们善于察言观色,妥善加以处理,如及时道歉,加以解释或用心为顾客服务,去感化顾客,就有可能化解矛盾。

潜在投诉阶段:顾客的不满之情没能得到关注和化解,情感抵触逐步积蓄上升为情感冲动,导致行为失控。我们经常听到顾客在投诉时说:"一忍再忍,简直太气人啦!"冲突爆发的形式和程度,依顾客道德修养和个性决定。

投诉阶段:顾客不满之情发展到极点,寻求情感宣泄的表达方式,或投诉,或报复。

3. 顾客投诉时的心理特征

1)求尊重

求尊重是人的正常心理需要。在服务的交往过程中,消费者求尊重的心理一直十分明显,而在进行投诉时这种心理更加突出。一旦发生投诉,他们总认为自己的意见是正确的,并立即采取行动,希望受到当事服务员或管理人员的重视,要求别人尊重他们的意见,当面认错并赔礼道歉,以恢复尊严。

2)求发泄

消费者在碰到使他们烦恼的事情、正当的需求没有得到满足或受到不公正的对待而产生挫折感之后,心中充满了怨气、怒火,必然要向服务人员发泄怒气,利用投诉发泄,以寻求情感补偿,维持心理平衡。

3)求补偿

当人们寻求满足,而又受种种条件的限制无法得到满足的时候,求满足就会变成求补偿,这是现实生活中普遍存在的现象,这也是完全合乎规律的现象。顾客的怨气宣泄之后,激动情绪得到缓解,他们要维护其合法的权益。一般情况下,顾客因受损失而投诉,除对物质损失要求补偿外,更多的是对精神损失要求物质索赔,以求得心理平衡。

通过以上粗略分析,我们可以看到处理顾客投诉,说到底是要解决顾客和公司情感联系的问题。投诉处理得好,就会得到顾客的谅解,使坏事变成好事,从而改善顾客对企业的印象。同时我们还应该知道,只要我们多站在客户的立场思考问题,在出售产品和服务时更多注入情感,注入极大的耐心和爱心,就可换得顾客的满意及对我们工作的理解和支持,妥善处理顾客投诉。我们的目标是使满腹牢骚的顾客最终满意而去,目的是提高企业声誉,影响潜在客源,争取更多的回头客。

4. 客户投诉处理基本原则

1)敢于面对、积极主动、以诚相待

勇敢面对是处理好客户投诉的基础。勇敢面对的第一层含义是克服烦躁情绪,克服厌恶心理。如果一听到有投诉就持气愤态度，甚至采取回避、逃避的方式，都非解决之道，反而会使矛盾升级、恶化，事情只会越来越复杂化、更难解决。可能原来只是质询、抱怨，因投诉处理人这样的态度而演变为投诉。勇敢还有一层意义，就是鼓励自己，不能怕、不要退缩。要在勇敢面对的基础上，采取积极主动的态度，主动联系投诉人、积极协调，将主动性贯穿于投诉处理的始末，其中必须发自内心地本着以诚相待的心理，这样，处理好投诉才有希望。

2）耐心倾听、宽以待人、严于律己

耐心倾听是化解矛盾的一剂良药。投诉人之所以投诉，往往是因为对于单位或个人处理问题的方式或态度有不满及气愤，积蓄了一肚子的怨气和不平，急待与人诉说、有人倾听和找人发泄。为此，作为投诉处理人，就要给投诉人一个诉说和发泄的权利和空间。不管在倾听过程中有多少委屈或是听出有不合理、不正确之处，都不要中间打断，更不能强行制止。在倾听过程中，最好是结合投诉内容，合情合理给予回应或支持，该自我批评的，一定自我批评，即使自身没有错误，也要对客户的现状表示同情。倾听之后，要实事求是地与投诉人就投诉事宜进行沟通。而对于自身问题，不但要承认错误，进行道歉，更主要的是要纠正，也就是解决客户的合理需求，从而维护投诉人的正当权益。对于投诉人对公司总体或个别工作人员的误解，应想办法劝解，用事实、例证来减少投诉人对公司或被投诉人的不满。例如，应用换位思考，以此争取投诉人的理解。在处理投诉的过程中，始终应本着宽以待人、严于律己的态度与投诉人进行沟通，否则可能激化矛盾，引发更多更大的麻烦，自然不利于解决问题。

3）克服困难、寻找突破、全程督办

既然投诉发生了，就说明有问题存在，有一定的难度。那么，首先找到关键性问题，如果是误解，通过耐心沟通化解掉；不是问题，就讲明道理，将利害关系一一罗列出来；是难题，就寻找突破口，找准解决问题的关键，有针对性地开展工作，减免走弯路的可能，争取时间，表达诚意。做好充分的心理准备，对于处理过程中的屡战屡败，绝不能气馁或是灰心、放弃，只要坚持下去，总能寻得一条较为理想的解决之路！

4）良好的心理素质

良好的心理素质是投诉处理人的必备能力。不论遇到什么类型的投诉人，要处理多么复杂的投诉案件，首先得让自己保持心态平稳，承受得起一切失败和阻碍。遇到困难，不能依赖唯一的方法，要多方努力，例如，当你想尽办法也无法取得投诉人的理解时，那么不妨试试找到他的朋友、以前接待客户的销售人员等，借助他们的力量，劝解投诉人熄火，即使没能完全化解矛盾，赢取时间也是一项胜利。再例如，对于公司内部的工作人员代表客户进行投诉的现象，处理中切记不要恼怒，更不要直接转报上级，转移矛盾实质上是加深和扩大矛盾。应主动致电这位同事，了解代理投诉的原因及隐情，给予充分的理解和支持。甚至是给予感谢，因为从某种程度上来讲，这位同事还是相信投诉处理人的能力，没有直接向上一级部门进行投诉，说明其对公司的形象心存一丝顾及。再者也表明这位同事还是很重视客户服务工作，很想在公司工作下去，否则他（她）不会为这位客户主动承担投诉这样的事情。真正想明白了这些情况,那么与其和自己的同事理论,不如与其携手,共同处理好客户的需求。

 拓展训练

完成上述学习后,仔细阅读本项目任务书的"任务描述",同本组同学讨论,制订工作计划,进行角色分配,并进行情景模拟表演:假定某个同学是李嘉,另一个同学是客户,"李嘉"如何接待客户的投诉,并采用什么样的工作流程,完成客户的投诉处理工作。其他同学做情景模拟记录。最后,每组由一位同学做情景模拟的总结发言。

职业教育教学资源库配套系列教材
汽车营销与服务专业

汽车客户关系管理学习任务手册

主　编　孙　蕊
副主编　赵甘泉　贾梦妮　韦　峰
参　编　葛敦旭　梁新培　赵竹梅
主　审　杨宏进

北京理工大学出版社
BEIJING INSTITUTE OF TECHNOLOGY PRESS

职业教育汽车营销配套系列教材
汽车营销与服务专业

汽车客户关系管理

学习任务工单

主　编　杨　娟
副主编　朱甘泉　贾登成　申　华
参　编　慈毅刚　梁新浩　朱林楠
主　审　杨志旭

北京理工大学出版社
BEIJING INSTITUTE OF TECHNOLOGY PRESS

目　　录

项目一　认识汽车客户关系管理 ·· 001
　　任务 1-1　认识汽车客户关系管理的基础知识 ····························· 004
　　任务 1-2　客户关系管理在汽车企业中的运用 ····························· 008

项目二　管理汽车客户资源 ·· 013
　　任务 2-1　了解汽车客户价值管理的基础知识 ····························· 015
　　任务 2-2　掌握汽车客户生命周期各阶段的操作技能 ··················· 019

项目三　汽车客户信息管理 ·· 023
　　任务 3-1　了解汽车客户信息管理的基础知识 ····························· 025
　　任务 3-2　认识汽车客户关系管理的基础知识 ····························· 029

项目四　提升客户满意度和忠诚度 ·· 033
　　任务 4-1　提升客户满意度 ·· 036
　　任务 4-2　培养客户忠诚度 ·· 039

项目五　购车客户回访与客户关怀 ·· 043
　　任务 5-1　新车购车客户回访 ··· 046
　　任务 5-2　客户关怀 ··· 050

项目六　汽车客户关系危机管理 ··· 055
　　任务 6-1　学习沟通的技巧 ·· 059
　　任务 6-2　处理汽车客户关系危机 ··· 063

项目一
认识汽车客户关系管理

 学习目标

知识能力	专业能力	社会能力
1. 懂得客户关系管理的基础知识 2. 了解客户关系管理产生和发展的过程 3. 掌握客户关系管理的重要性和必要性	1. 具备客户中心意识,能识别潜在客户和重要客户 2. 懂得按不同标准对客户进行细分的基本技能 3. 具备维护好客户关系的能力	1. 树立服务意识、规范意识 2. 强化人际沟通能力,具备维护客户关系的能力 3. 具备维护组织目标实现的大局意识和团队意识

 学习任务

1. 了解汽车客户关系管理的基础知识
2. 掌握 CRM 在汽车企业中的运用

相关知识点准备

（通过线上线下的学习，巩固相关知识点，回答下列问题）

不定项选择题

1. 在日益激烈的市场竞争环境下，企业仅靠产品的质量已经难以留住客户，目前，下面哪一项已成为企业竞争制胜的另一张王牌？（　　）

   A. 产品　　　　B. 服务　　　　C. 竞争　　　　D. 价格

2. 著名经济学的2:8原理是指（　　）。

   A. 企业80%的销售额来自20%的老顾客
   B. 企业有80%的新客户和20%的老客户
   C. 企业80%的员工为20%的老客户服务
   D. 企业80%的利润来自20%的老顾客

3. 在客户满意度公式：$C=b/a$ 中，b 代表的含义是（　　）。

   A. 客户满意度
   B. 客户对产品或服务所感知的实际体验
   C. 客户忠诚度
   D. 客户对产品或服务的期望值

4. 以下哪种客户服务工具不属于电子商务环境下的客户关系管理在前端实施的服务功能？（　　）

   A. 个性化网页服务功能　　　　B. 在线客服
   C. 订单自助跟踪服务　　　　　D. 客户状态分析

5. 在客户关系管理中，可以根据不同的维度去细分客户群，可以根据客户的价值进行划分，可以根据客户与企业的关系划分，可以根据客户的状态划分，以下哪种客户类型不属于根据客户的状态进行的分类？（　　）

   A. 新客户　　　　B. 忠诚客户　　　　C. 流失客户　　　　D. 中小商户

6. CRM的核心是（　　）。

   A. 管理　　　　B. 客户　　　　C. 关系　　　　D. 企业

7. CRM研究的是哪种类型的忠诚？（　　）

   A. 垄断忠诚　　　　B. 亲友忠诚　　　　C. 惰性忠诚　　　　D. 信赖忠诚

8. 以下对CRM的描述哪一项是不正确的？（　　）

   A. CRM是一套智能化的信息处理系统
   B. CRM是指将企业的经验、管理导向"以客户为中心"的一套管理和决策方法
   C. CRM把收集起来的数据和信息进行存储、加工、分析和整理（数据挖掘），获得对企业决策和支持有用的结果
   D. CRM系统通过了解客户的需求，整合企业内部生产制造能力，提高企业生产

效率
E. 从技术角度上看，CRM 是指帮助企业有组织性地管理客户关系的方法、软件系统以及互联网设施等。

9. 汽车企业实施 CRM 系统，目的是增强企业的（　　）。
   A. 销售收入　　　B. 利润　　　C. 客户满意度　　　D. 核心竞争力

10. 一个完整的客户关系管理系统应不具有以下哪个特征？（　　）
    A. 开发性　　　B. 稳定性　　　C. 先进性　　　D. 实用性

任务 1-1　认识汽车客户关系管理的基础知识

日期：_____

小组组别：_____

小组成员：_____

任务下达

陈东大学毕业后，应聘到 GQ 汽车销售服务公司担任销售顾问。陈东平时就很注意观察各种车型，GQ 公司所销售的车辆恰好是他所喜欢和熟知的。上班第一天，他信心满满地准备展示一下自己的长处。刚进店里，经理就给了陈东一个任务，让他认真梳理近期到店看车客户留下的各种信息资料，建成信息档案。陈东很纳闷，为什么不让自己直接跟汽车销售打交道，反而让自己管理信息档案，这可不是他的长处啊？如果你是陈东，你会怎样理解经理的安排？该怎样来完成经理交给你的任务呢？

[思考]
中国的汽车行业，CRM 主要涉及_____、_____、_____、_____、客户忠诚度提升等内容。

任务准备

【引导问题 1】
客户关系管理出现的主要原因有哪些？其重要价值体现在什么地方？

_____

_____

_____

_____

【引导问题 2】
怎样建立客户关系？

_____
_____
_____
_____

【引导问题 3】
维护客户关系主要包括哪五个环节？

_____、_____、_____、_____、_____

任务实施

1. 在对相关知识点进行学习巩固的基础上，你认为本任务中经理为什么要让陈东去熟悉客户的信息呢？陈东又该如何思考并完成经理交给的任务呢？

_____
_____
_____
_____
_____

2. 在开展客户关系管理的工作中，进行市场细分是一个重要内容，请你以一个市场细分的实际例子来谈谈如何进行市场细分？

例子：_____

细分标准：_____
_____
_____

3. 王天一已经在 DF 汽车销售服务公司担任销售顾问三年了，有很多老客户。忽然有一天，他发现自己的一些老客户已经好久没有任何联系了，如果你是王天一，你将如何处理？请结合客户关系管理在汽车行业中的意义，谈谈如何才能留住和维护好客户关系？

4. 请小组成员对如何管理好有流失倾向的客户进行讨论，将讨论意见记录在下面。

任务总结

1. 通过对本任务线上线下的学习，用自己的语言总结你在理论和技能上的收获有哪些？

2. 在学习中，你认为自己做得比较好的任务有哪些？需要改进的有哪些？下一步如何打算？

项目一
认识汽车客户关系管理

任务 1-2　客户关系管理在汽车企业中的运用

日期：_____

小组组别：_____

小组成员：_____

任务下达

张兰在 DQ 汽车销售公司好多年了，对客户管理很有体会。一天公司迎来了一个特殊的人物，总经理。要求大家现场演示 CRM 在公司运营中的情况。张兰作为客户服务主管，要先进行演示。在演示过程中，总经理意味深长地说，客户关系管理不仅仅是熟悉 CRM 软件，更重要的是要有"以客户为中心"的服务理念，你怎样认识？

任务准备

【引导问题 1】

中国的汽车行业运用 CRM 的原因有哪些？

_____

_____

_____

【引导问题 2】

中国的汽车行业在运用 CRM 时存在哪些问题？

_____

_____

_____

_____

【引导问题3】

中国的汽车行业 CRM 主要涉及哪五个方面的内容？

_____、_____、_____、_____、_____

任务实施

1. 在对相关知识点进行学习巩固的基础上，你认为在本任务中总经理为什么要大家树立"以客户为中心"的理念？要如何做才能体现"以客户为中心"呢？

_____
_____
_____
_____
_____
_____

2. 在运用 CRM 的过程中，有很多可以借鉴的经验，也不乏成功运作的例子，请你收集一个，并分析它值得你学习的地方和需要注意的地方。

例子：_____

成功之处：_____
_____
_____
_____

需要注意的地方：_____
_____
_____

3. 金华是从事客户关系管理的职员，在整理客户资料时，金华发现有很多客户的信息资料已经不准确，造成在客户关系管理中的种种难题，如果你是金华，你将如何做？

客户信息的准确完整一直是汽车企业运用 CRM 的重要条件，请观看线上 CRM 专家访谈节目，探讨 CRM 软件与实施 CRM 之间的关系。

_____
_____

4. 汽车工业迅速发展，越来越多的企业开始实施 CRM，那么汽车企业实施 CRM 的必要性体现在哪些方面呢？

5. 小组成员对如何在汽车企业各环节发挥 CRM 的作用进行讨论，并将讨论意见记录下来。

任务总结

1. 通过对本任务线上线下的学习，用自己的语言总结你在理论和技能上的收获有哪些？

2. 在学习中，你认为自己做得比较好的任务有哪些？需要改进的有哪些？下一步如何打算？

_____
_____
_____
_____
_____
_____
_____
_____

项目二
管理汽车客户资源

 学习目标

知识能力	专业能力	社会能力
1. 理解客户价值与客户生命周期的含义 2. 了解客户生命周期价值理论及客户生命周期管理 3. 了解汽车行业 CRM 中对客户生命周期的划分 4. 掌握汽车行业客户生命周期管理的内容	1. 学会运用客户管理数据库来划分客户生命周期 2. 学会在汽车行业客户生命周期各阶段的管理方式、操作技巧及沟通语言	1. 树立服务意识、规范意识 2. 强化人际沟通能力,具备维护客户关系的能力 3. 具备维护组织目标实现的大局意识和团队意识

学习任务

1. 了解汽车客户价值管理基础知识
2. 掌握汽车客户生命周期各阶段操作技能

相关知识点准备

（通过线上线下的学习，巩固相关知识点，回答下列问题）

不定项选择题

1. 客户价值即客户从企业的哪两个方面得到需求的满足？（　　）
   A. 价格　　　　　B. 产品　　　　　C. 服务　　　　　D. 推销

2. 客户价值选择演变过程的三个阶段是（　　）。（多选）
   A. 理性消费　　　B. 价值消费　　　C. 感觉消费　　　D. 感情消费

3. 客户生命周期一般分为四个不同阶段，以下哪一项表述是正确的？（　　）
   A. 客户生命周期一般分为识别期、形成期、稳定期和衰退期
   B. 客户生命周期一般分为识别期、稳定期、形成期和衰退期
   C. 客户生命周期一般分为识别期、衰退期、形成期和稳定期
   D. 客户生命周期一般分为识别期、形成期、衰退期和稳定期

4. 客户价值计算公式 $V_C = F_C - C_C$ 中的 V_C 代表（　　）。
   A. 客户价值　　　　　　　　　　　B. 客户感知到的利益
   C. 客户感知成本　　　　　　　　　D. 企业产品价值

5. 下面哪一个选项不是实施个性化服务所必需的条件？（　　）
   A. 拥有完善的基本服务　　　　　　B. 良好的品牌形象
   C. 良好的企业盈利率　　　　　　　D. 完善的数据库系统

6. 在汽车销售和维修行业，可将客户生命周期划分为（　　）。（多选）
   A. 新车期　　　B. 保修期前期　　　C. 保修后期　　　D. 保修期外

7. 要维持与客户和经销商的关系，常规的维系动作除了电话、短信外，还有哪些形式？（　　）（多选）
   A. DM　　　　　B. 服务节　　　　　C. 俱乐部活动　　D. 优惠促销
   E. 爱车养护课堂　F. 远程巡回服务　　G. 公益活动

8. 新车期客户主要指购车在哪段时间的客户？（　　）
   A. 0～3个月　　B. 0～5个月　　　　C. 0～6个月　　　D. 0～12个月

9. 保修期内的条件一般有两个，分别是（　　）。（多选）
   A. 车辆出现质量问题　　　　　　　B. 车辆行驶时间限制
   C. 车辆行驶里程限制　　　　　　　D. 车辆保修手册

10. 目前适合我国特点的车辆置换方式主要有（　　）。（多选）
    A. 同厂商置换　　B. 同品牌置换　　C. 旧车置换　　　D. 自由置换

项目二
管理汽车客户资源

任务 2-1　了解汽车客户价值管理的基础知识

日期：_____

小组组别：_____

小组成员：_____

任务下达

转眼陈东在 GQ 工作已经三个月了，他发现一个现象：每天一上班，展厅很热闹，总有来看车的客户，服务顾问耐心地解答各种问题，争取当时成交，即便不能成交的，服务顾问也会留下客户的联系方式，然后不断跟踪客户的购车进度，争取客户下单；但服务接待区也很忙碌，服务人员不停地对客户讲解各种车辆保养知识，还反复对客户进行回访和预约。那么在不同的阶段，该如何对客户进行服务呢？

任务准备

【引导问题 1】

如何认识客户价值？随着商品和服务同质化现象越来越明显，对客户价值的理解应该有什么变化？

_____

_____

_____

_____

【引导问题 2】

客户生命周期分为哪几个阶段？认识客户生命周期对提高企业客户关系管理有什么意义？

_____

_____

_____

_____

【引导问题3】

从客户的角度看,客户价值即客户从企业的哪两个方面得到的需求满足?

_____、_____

 任务实施

1. 在对相关知识点进行学习巩固的基础上,你认为本任务服务人员在客户生命周期各阶段应如何开展服务?各阶段服务的重点和关系维系有什么不同?

_____

_____

_____

_____

_____

2. 在进行客户关系管理的过程中,根据客户价值进行管理已成为共识,请你列举一个例子来说明客户价值管理的要点。

例子:_____

管理要点:_____

_____

_____

3. 福特汽车公司曾经估计每一位忠诚客户的终生价值在40万美元左右,这一价值包括了客户首次购买的汽车、预计将来购买的汽车和相关售后服务,以及来自汽车相关增值服务(保险、代理)的收入。但只会购买一辆福特汽车的一般客户,他的终生价值就少得多。

日本知名企管顾问角田识之的研究表明,一般交易活动中买卖双方的情绪热度呈现出两条迥然不同曲线,销售员从接触客户开始,其热忱便不断升温,到签约时达到巅峰,此后便一路下滑，等交了货、收完款后，更是急剧降温，更谈不上售后服务；与此相反，客户的情绪却逐渐上升。

（1）福特公司的调查说明了什么？

_____
_____
_____
_____

（2）这种对比研究结果给你的启示是什么？

_____
_____
_____
_____

任务总结

1. 通过对本任务线上线下的学习，用自己的语言总结你在理论和技能上的收获有哪些？

_____
_____
_____
_____
_____
_____
_____
_____

2. 在学习中,你认为自己做得比较好的有哪些?需要改进的有哪些?下一步如何打算?

_____
_____
_____
_____
_____
_____
_____

项目二 管理汽车客户资源

任务 2-2 掌握汽车客户生命周期各阶段的操作技能

日期：_____

小组组别：_____

小组成员：_____

任务下达

王先生在 GQ 公司订购了一辆新车，负责接待王先生的是李强。第二天就是交车的日子了，但李强必须到外地出差，那么李强在如何完成车辆交接呢？

任务准备

【引导问题 1】

在汽车销售和维修行业，汽车客户生命周期分为哪几个阶段？在不同的阶段有不同的关注点，请列举出你所知道的维系客户关系的技能。

_____

_____

_____

_____

_____

【引导问题 2】

新车期的客户关系管理有哪些要点？

_____

_____

_____

_____

【引导问题 3】

保修期是指汽车厂商向消费者销售车辆时所承诺的免费维修及保养时间段,一般保修期内的条件有两个,分别是哪两个条件?

_____、_____

任务实施

1. 学习完本任务后,你觉得李强如何做才能顺利完成交车环节的工作呢?他该如何与王先生进行沟通呢?请写下你的话术。

_____
_____
_____
_____
_____

2. 汽车交车仪式对于客户来说有特殊意义,对提高客户关系管理价值有重要作用,请谈谈在实际工作中应注意哪些要点?在交车仪式上该如何设计话术?

交车仪式要点:_____
_____
_____
_____
_____

参考话术:_____
_____
_____

3. 保修期客户管理是指在车辆首保之后,一直到保修期结束前这段时间的客户管理,在这个时间段内的客户一般对车辆的使用和保养十分重视。

请结合保修期客户管理的重要性,谈谈如何做好这期间客户的车辆维修保养及接待工作?

_____

4. 本任务学习中，最常用的就是各种话术，那么，如何才能提高与客户交流的效果？请小组成员将在与客户交流的过程中常用到的语言进行总结概括。

任务总结

1. 通过对本任务线上线下的学习，用自己的语言总结你在理论和技能上的收获有哪些？

2. 在学习中，你认为自己做得比较好的有哪些？需要改进的有哪些？下一步如何打算？

项目三

汽车客户信息管理

 学习目标

知识能力	专业能力	社会能力
1. 了解汽车客户信息管理的基础知识 2. 熟记客户信息管理的"三大纪律""四项原则""八大注意" 3. 掌握内部客户信息数据库的建立和完善流程	1. 掌握在开展数据库管理的过程中应该注意哪些问题 2. 具备在实际工作中管理客户信息的基本能力 3. 掌握如何利用客户信息数据库的建立来完善对汽车客户信息的管理	1. 树立服务意识、规范意识 2. 强化人际沟通能力,具备维护客户关系的能力 3. 具备维护组织目标实现的大局意识和团队意识

 学习任务

1. 了解汽车客户关系管理的基础知识
2. 掌握 CRM 在汽车企业中的运用

相关知识点准备

（通过线上线下的学习，巩固相关知识点，回答下列问题）

不定项选择题

1. 在客户信息管理中，我们必须保证客户信息的（　　）。
   A. 完整性　　　B. 准确性　　　C. 科学性　　　D. 新鲜性

2. 客户信息管理的原则是（　　）。
   A. 动态原则　　B. 重点原则　　C. 分析原则　　D. 专职原则

3. 客户信息管理的三阶段分别是（　　）。
   A. 细分　　　　B. 收集　　　　C. 甄别　　　　D. 数据管理

4. 客户信息收集的内容有哪些？（　　）
   A. 年龄　　　　B. 性别　　　　C. 职业　　　　D. 收入
   E. 学历　　　　F. 爱好　　　　G. 性格　　　　H. 习惯
   I. 电话　　　　J. 地址

5. 收集客户信息来源的方法有（　　）。
   A. 加入社会团体　　　　　　　B. 成为俱乐部会员
   C. 填资料换赠品　　　　　　　D. 上网去找
   E. 直接购买　　　　　　　　　F. 异业交换/索取
   G. 通过车展、巡展促销获得　　H. 通过市场调查等活动获取

6. 通过数据分析，找出各类顾客群，找出影响购买行为的各种因素，根据严谨的数据分析，有针对性地采用各种推广策略，最终能达到（　　）等目的。
   A. 维护顾客忠诚　　　　　　　B. 拉拢新顾客
   C. 提升品牌　　　　　　　　　D. 促进消费

项目三
汽车客户信息管理

任务 3-1　了解汽车客户信息管理的基础知识

日期：_____

小组组别：_____

小组成员：_____

任务下达

在召开经营管理会议的时候，陈东发现一个很有意思的事情：几乎90%的销售经理都会说现在很困难，没客户或者客户太少，集客很难。于是，所有的压力都一股脑涌向市场经理。然而在市场经理使出浑身解数换回一个个客户信息时，销售部门又是如何对待、如何管理的呢？有没有进行有效的管理呢？

任务准备

【引导问题1】
客户关系管理与客户信息管理之间是什么关系？

_____

_____

_____

_____

_____

【引导问题2】
客户信息管理的八大注意事项指什么？

_____

_____

_____

_____

【引导问题3】
客户信息管理的四项原则是什么？

_____、_____、_____、_____

任务实施

1. 在对相关知识点进行学习巩固的基础上，你认为在本任务中市场经理与销售经理之间为什么会存在这样的矛盾认识？原因何在？如何解决这个问题？

2. 经过信息收集甄别后，将对客户进行筛选、分类，请你举一个某汽车经销商通过客户信息收集进行市场开发的例子，谈谈怎样利用信息数据开发市场？

例子：_____

怎样利用信息数据开发市场：_____

在对客户信息进行管理的过程中，应怎样建立数据库？通过本任务的学习，尝试设计客户信息数据收集的项目，以便提高处理客户信息的效率。

请在下面空栏中设计信息采集表格。

任务总结

1. 通过对本任务线上线下的学习，用自己的语言总结你在理论和技能上的收获有哪些？

2. 在学习中，你认为自己做得比较好的有哪些？需要改进的有哪些？下一步如何打算？

_____
_____
_____
_____
_____
_____
_____
_____

任务 3-2　认识汽车客户关系管理的基础知识

日期：_____

小组组别：_____

小组成员：_____

任务下达

GQ 经销商目前有一款新产品即将上市，为顺利打开销售局面，公司计划利用数据库系统开展口碑营销活动，作为销售部门的负责人，李强应该如何开展工作？经过认真分析筹划，李强决定从已有的数据库中进行筛选，找到"意见领袖"，让他们充分尝试后提出意见和建议。

任务准备

【引导问题 1】

在信息收集后进行的数据分析工作应该满足哪些要求？达到什么目的？

_____

_____

_____

_____

_____

【引导问题 2】

你掌握的数据分析方法有哪些？试列举说明。

_____

_____

【引导问题 3】

一般来说,与客户沟通的方式常见的有哪些?

_____、_____、_____、_____、_____、_____

任务实施

1. 在对相关知识点进行学习巩固的基础上,你认为李强应如何寻找"意见领袖"?应如何发挥"意见领袖"的作用开展相应的营销活动?请与小组成员讨论后进行方案设计。

_____
_____
_____
_____
_____
_____
_____

2. 通过收集信息可以分析客户的消费行为,而对客户进行预估分析是了解客户情况的重要手段,请举例说明如何通过数据信息分析对客户进行价值管理?

例子:_____

客户预估分析:_____

_____
_____
_____
_____

3. 随着信息技术的发展，传统的客户沟通方式已经发生了巨大变化，如何运用客户信息提高企业的运营管理，需要深入探讨研究。

（1）请你谈谈如何分析运用汽车客户信息，加强汽车经销企业的运营管理？

_____
_____
_____

（2）请小组成员立足信息技术发展对客户沟通方式的改变和影响进行讨论，并将所能想到的客户沟通方式记录在下面。

_____
_____
_____
_____

任务总结

1. 通过对本任务线上线下的学习，用自己的语言总结你在理论和技能上的收获有哪些？

_____
_____
_____
_____
_____
_____
_____
_____
_____

2. 在学习中,你认为自己做得比较好的有哪些?需要改进的有哪些?下一步如何打算?

_____

_____

_____

_____

_____

_____

_____

_____

项目四
提升客户满意度和忠诚度

学习目标

知识能力	专业能力	社会能力
1. 掌握利用多种信息化平台进行自主学习的能力 2. 具备制订工作计划、独立解决问题的能力 3. 具备运用多种资源解决实际问题的能力 4. 具备准确的自我评价能力和接受他人评价的能力 5. 具备独立思考的能力	1. 能够大方、得体、专业地进行客户接待工作 2. 掌握"电话访问""面访调查""神秘客户检测""飞行检查"等客户满意度调查的知识和技能，能熟练运用工具进行客户满意度调查	1. 树立服务意识、效率意识、规范意识 2. 强化人际沟通能力，具备维护客户关系的能力 3. 具备团队意识和沟通能力 4. 具备爱岗敬业的职业道德和严谨、务实、勤快的工作作风 5. 具备自我管理、自我修正的能力

学习任务

1. 提升客户满意度
2. 培养客户忠诚度

相关知识点准备

（通过线上线下的学习，巩固相关知识点，回答下列问题）

不定项选择题

阅读下列两个案例，选择符合要求的答案。

一、李建波是 BX 汽车销售服务公司的一名销售经理，最近收到总部的通知，为了解不断变化的顾客需求和期望，并持续不断地改进产品和服务过程，将对他所在区域的所有销售公司都进行客户满意度调查。三天后，就有一位"奇怪"的客户来到了他们公司。这些客户中只有李哲先生打算买车，但是全家人每次都陪同他来看车，包括两位 60 岁左右的父母、李先生的妻子王丽和五岁大的小孩。经过公司全体人员的观察和分析，认为李先生是总公司的"神秘客户"。

李建波要处理好这次调查，如下几个难点如何确定？

1. 李建波是否需要安排有经验的销售人员单独陪同这次的神秘客户？（　　）

    A. 是　　　　　　B. 不需要

2. 接待李哲时，如下几点是否需要？（　　）

    A. 将李哲与其他客户进行隔离

    B. 按照正常的流程安排

    C. 经理一直在旁边陪同

3. 李哲的小孩将如何安排？（　　）

    A. 不用管，有父母看管

    B. 询问客户是否需要送到儿童游乐区

    C. 带到外面去玩

4. 李哲的电话回访由谁来回访？（　　）

    A. 李建波

    B. 上次接待的服务顾问

    C. 这次接待的服务顾问

    D. 客服中心人员

5. 在接待过程中，对李哲的父母应该如何安排？（　　）

    A. 让他们管好孙子

    B. 安排到休息室休息

    C. 与李哲一起看车

6. 在接待中，是否点明李哲"神秘客户"的身份？（　　）

    A. 是　　　　　　B. 否

二、王明是 GF 汽车销售服务公司的一名新员工，来到公司售后服务部门已经三个星期了，主管今天给了他一个新任务，那就是让他给每一位在他们公司一年前做过保养的客户打电话，提醒他们到 GF 汽车销售服务公司的售后服务部再次保养，最后进行流失客户统计。面对有的客户的不耐烦甚至挂断了电话，王明觉得委屈极了。

王明要处理好这次调查，如下几个难点如何确定？

1. 王明是否要先向有经验的售后服务人员请求帮助？（　　）

　　A. 是　　　　　　　B. 不需要

2. 接待前，王明需要事先做好哪些知识准备？（　　）

　　A. 常见汽车维修故障

　　B. 车辆常规保养项目

　　C. 顾客车辆的续保情况

3. 根据客户的状态，王明可以将客户如何进行划分？（　　）

　　A. 流失客户

　　B. 忠诚客户

　　C. 中小客户

4. 王明遇到客户投诉时怎么处理？（　　）

　　A. 挂断电话

　　B. 诚恳的道歉

　　C. 让这次接待的服务顾问解决

　　D. 向当时的接待人员了解情况后与顾客联系解决

5. 当听到客户抱怨后，王明如何评价客户抱怨的服务顾问？（　　）

　　A. 他刚来的

　　B. 我会批评他的

　　C. 我了解情况后，让他跟您联系

6. 在回复的过程中，对满意的客户应该如何服务？（　　）

　　A. 给更多的折扣

　　B. 感谢您对我们的支持

　　C. 赠送小礼品

7. 在接待中，是否对潜在流失客户做出重点关注？（　　）

　　A. 是　　　　　　　B. 否

8. 对于流失客户，王明这次应该怎么解决？（　　）

　　A. 积极处理

　　B. 统计后报给上级领导

　　C. 绝口不提

　　D. 现场解决

任务 4-1 提升客户满意度

日期：_____

小组组别：_____

小组成员：_____

任务下达

吴明在看到某汽车经销商推出年度新车促销活动的广告宣传后，被广告中承诺的新车促销的指导价及车辆购置税、保险、上牌等费用均免费的宣传深深吸引了，在与同样品质的其他品牌相比后，吴明认为有很大幅度的优惠，兴致勃勃地带着家人到经销商那里去挑选，却发现这只是广告的噱头而已，要得到广告中的优惠，有很多附加的条件，而有些条件几乎根本不能达到。吴明一家觉得白耽误了几天的时间，心里很不舒服，失望地离开了经销店。

任务准备

【引导问题 1】
如何理解客户的满意度？

_____

_____

_____

【引导问题 2】
以客户满意度的 PATER 指数为依据，谈谈如何提升客户满意度？

_____

_____

项目四
提升客户满意度与忠诚度

_____
_____
_____

【引导问题 3】

汽车行业的售后服务满意度五大因子是什么？

_____、_____、_____、_____、_____

任务实施

1. 在对相关知识点进行学习巩固的基础上，你认为本任务中吴明一家为什么会失望？这个例子对你理解提升客户满意度有什么启示？

_____
_____
_____
_____
_____
_____

2. 客户满意度是客户关系管理中十分重要的内容，各汽车经销商都非常关注提升客户满意度，请你举个某汽车经销商提升客户满意度的例子，分析该经销商的成功之处在哪些地方？

例子：_____

提升客户满意度的经验：_____

_____
_____
_____

3. 丰田公司通过市场客服部采取电话回访、信访、现场调查等方式对销售及售后服务进行满意度调查，该调查内容包含了销售服务的硬件设施、服务情况，及对销售顾问、对公司的总体满意度、对交接车服务的情况，等等。

（1）丰田公司针对客户的满意度调查有何意义？

_____

037

（2）丰田公司体现的是何种营销观念？其值得总结的经验有哪些？请小组成员进行讨论，将讨论意见记录在下面。

任务总结

1. 通过对本任务线上线下的学习，用自己的语言总结你在理论和技能上的收获有哪些？

2. 在学习中，你认为自己做得比较好的有哪些？需要改进的有哪些？下一步如何打算？

项目四
提升客户满意度与忠诚度

任务 4-2　培养客户忠诚度

日期：_____

小组组别：_____

小组成员：_____

任务下达

王明是 GF 汽车销售服务公司的一名新员工，来到公司售后服务部门已经三个星期了，主管今天给了他一个新任务，那就是给每一位在他们公司一年前做过保养的客户打电话，提醒他们到 GF 汽车销售服务公司的售后服务部再次保养。王明发现公司不但有相当多的客户一年前来保养后就再也没到过公司，而且超过 9 个月没有任何联系的客户也不在少数。这是为什么呢？王明很想弄清楚。

任务准备

【引导问题 1】

客户满意度和客户忠诚度之间是什么关系？

_____

_____

_____

_____

【引导问题 2】

客户忠诚有些什么表现？忠诚的客户对企业来说有什么重要的价值和意义？

_____

_____

_____

_____

【引导问题3】
客户忠诚度的五大要素是什么？

_____、_____、_____、_____、_____

任务实施

1. 在对相关知识点进行学习巩固的基础上，分析本任务中客户不到 GF 的原因有哪些？如何衡量客户忠诚度？对不同的客户忠诚行为应如何进行不同的运营策略设计？

_____
_____
_____
_____
_____

2. 忠诚的客户是企业竞争优势的主要来源，请举一个例子来说明。

例子：_____

在该例中企业如何构建汽车行业的客户忠诚度：_____

_____
_____
_____
_____

3. 丰田雷克萨斯分部在成立的时候，确定经营目标不仅要尽量扩大销售额和利润，而且要在客户满意度和忠诚度方面要有所突破，为此，除了从产品设计、质量及价值等方面加以创新外，还将重点放在更好更深地理解自己目标客户的价值方面，并研究了各种可能与客户产生联系的方式。同时戴维·伊林华斯说："在这个行业里，唯一有意义的满意度衡量标准是再次购买所表现出来的忠诚。"

（1）你如何理解这个案例？如何理解戴维·伊林华斯这句话的含义？这句话给你的启示是什么？

_____
_____

（2）请小组成员对如何提高客户忠诚度进行讨论，将讨论意见记录在下面。

任务总结

1. 通过对本任务线上线下的学习，用自己的语言总结你在理论和技能上的收获有哪些？

2. 在学习中,你认为自己做得比较好的有哪些?需要改进的有哪些?下一步如何打算?

_____
_____
_____
_____
_____
_____
_____

项目五

购车客户回访与客户关怀

 学习目标

知识能力	专业能力	社会能力
1. 掌握客户销售回访和维修回访的内容、相关流程和注意事项 2. 掌握客户回访问卷，销售满意度、服务满意度、客户管理满意度问卷设定的要点 3. 熟悉客户回访分析的具体内容 4. 了解客户回访的技能，以及压力缓解和调适的方法	1. 学会在客户回访管理工作中独立制作规范回访流程 2. 学会在客户回访管理中根据实际情况和要点制作规范的客户回访问卷 3. 懂得利用客户回访问卷提供的信息进行客户回访分析 4. 学会基本的客户回访技能，在学习过程中加强这些技能的锻炼和提高	1. 树立服务意识、规范意识 2. 强化人际沟通的能力，具备维护客户关系的能力 3. 具备维护组织目标实现的大局意识和团队意识

学习任务

1. 新车购车客户回访
2. 客户关怀

相关知识点准备

（通过线上线下学习，巩固相关知识点，回答下列问题）

不定项选择题

1. 新车客户回访的时间除交车后三日（　　）外，其他时间节点分别是（　　）。
   A. 交车后五日　　　　　　　　　　B. 交车后七日
   C. 交车后一个月　　　　　　　　　D. 首保前一周

2. 交车后三日回访的重点内容是（　　）。
   A. 再次表达对客户的感谢
   B. 提醒客户首保
   C. 了解客户车辆使用情况和上牌情况
   D. 进一步完善客户资料等信息

3. 交车后七日回访的重点内容是（　　）。
   A. 提示磨合期注意事项
   B. 提醒客户首保
   C. 推荐参加爱车讲堂等活动
   D. 了解客户对销售服务过程的满意度并发现问题，指导销售工作的改进

4. 交车后一个月回访的重点内容是（　　）。
   A. 了解车辆在使用中需要帮助的问题
   B. 介绍并提醒首保
   C. 了解客户车辆使用情况
   D. 介绍预约服务，培养客户定期保养的意识

5. 首保前一周回访的重点内容是（　　）。
   A. 提醒客户首保　　　　　　　　　B. 预约首保时间
   C. 了解客户车辆使用情况　　　　　D. 要求介绍客户

6. 客户关系维护的三个层次分别是（　　）。
   A. 交易关系　　B. 情感关系　　C. 家庭关系　　D. 社会关系

7. 客户关怀活动主要有四大类，除了围绕车辆、客户特点进行的活动外，还有围绕（　　）开展的活动。
   A. 日常持续性　　B. 服务类型　　C. 俱乐部类型　　D. 节假日

8. 在开展客户关怀活动中，涉及重点部件的养护、升级和改装，因给予客户优惠比较大，因此，选择适当的时间，或者针对特定状态的车辆进行，才能在维护客户关系的同时，实现扩大服务产值的双赢。（　　）
   A. 对　　　　　　　B. 错

9. 开展客户关怀活动的基础是（　　）。

A. 车辆分类 B. 车辆购买时间
C. 客户分类 D. 客户价值

10. 最常见的日常客户关怀活动以问候和提醒形式为主，大致有以下哪几种？（　　）

A. 节日问候 B. 服务活动提示
C. 个性服务提示 D. 其他临时性提示

任务 5-1　新车购车客户回访

日期：_____

小组组别：_____

小组成员：_____

任务下达

赵先生在热闹的交车仪式后把新车开心地提回去了，同事、邻居、朋友都来关心询问，赵先生对新车也比较满意。此时，售后工作才刚刚开始。客户的车辆用得怎么样？有没有遇到什么问题？前几天的销售过程有没有什么让客户不够满意的地方？经销商有没有还可以再改进的？在新车磨合期，客户知道怎么更好地养护好车辆吗？快到首保了，客户是不是还记得？需要提醒一下他按时进厂吧？那么，对新车购车客户应如何开展服务工作呢？

任务准备

【引导问题1】
为什么要进行新车客户回访工作？

_____

_____

_____

【引导问题2】
新车客户回访的工作要点有哪些？

_____

_____

_____

_____

_____

【引导问题 3】

新车客户回访的时间节点有哪几个？

_____、_____、_____、_____

任务实施

1. 在对相关知识点进行学习巩固的基础上，请将你在新车客户回访节点的 3DC 的回访重点和回访话术写在下面横线上。

回访重点：_____

_____

参考话术：_____

_____

_____

_____

2. 在对相关知识点进行学习巩固的基础上，请将你在新车客户回访节点的 7DC 的回访重点和回访话术写在下面横线上。

回访重点：_____

_____

参考话术：_____

_____

_____

_____

3. 客户回访的过程，也是信息收集与客户满意度调查的过程，请在下面空白处设计一份你认为需要调查了解的客户购车满意度调查记录表。

4. 在实际工作中，如何进行具体操作需要不断训练。请设计并分角色模拟购车后 $N+1$ 月回访。

_____
_____
_____
_____

　　请小组成员对回访过程中的体会与收获进行分享，并对在模拟中存在的问题与现实中可能遇到的问题进行交流，并记录下来。

_____
_____
_____
_____

任务总结

1. 通过对本任务线上线下的学习，用自己的语言总结你在理论和技能上的收获有哪些？

_____
_____
_____
_____

2. 在学习中,你认为自己做得比较好的有哪些?需要改进的有哪些?下一步如何打算?

任务 5-2　客户关怀

日期：_____

小组组别：_____

小组成员：_____

任务下达

马上到端午节了，恰逢 GQ 公司要进一步增进与客户的联系，需要营销部门设计一个客户关怀活动方案。营销部门接到任务后，开展头脑风暴，怎样才能设计一个令各方面都满意的方案呢？

任务准备

【引导问题 1】

在客户购车半年到一年之后，购车的新鲜感逐渐消失，免费的首保也结束，接下来如何做，才能维系住客户、避免客户流失呢？

_____
_____
_____
_____

【引导问题 2】

如何理解客户关怀活动的价值？客户关怀活动的作用何在？

_____
_____
_____
_____

【引导问题 3】

客户关怀活动可以分为哪几类？

_____、_____、_____、_____

任务实施

1. 在对相关知识点进行学习巩固的基础上，请你完成本任务提出的要求：根据端午节来设计一个客户关怀活动方案。

_____
_____
_____
_____
_____
_____
_____

2. 维护客户关系有非常多的方法，请你列举你知道的活动或方法（不低于 5 种）；并谈谈你认为如何才能设计一个具有吸引力且达到客户关怀目的的活动？

活动列举：_____
_____

如何设计新颖、有创意、有吸引力的客户关怀方案？
_____
_____
_____
_____

3. 请以小组为单位，针对车辆在春夏季节交替这个时间段，为你所服务的经销商设计一个客户关怀方案和活动板报。方案和板报包含：活动名称、时间、主题、内容等。

客户关怀方案：_____
_____
_____

活动板报

```
┌─────────────────────────────────────────────┐
│                                             │
│                                             │
│                                             │
│                                             │
│                                             │
│                                             │
│                                             │
│                                             │
└─────────────────────────────────────────────┘
```

任务总结

1. 通过对本任务线上线下的学习,用自己的语言总结你在理论和技能上的收获有哪些?

_____
_____
_____
_____
_____
_____
_____

2. 在学习中，你认为自己做得比较好的有哪些？需要改进的有哪些？下一步如何打算？

_____
_____
_____
_____
_____
_____
_____
_____

附录五
高三学生调查问卷补充

2. 在学习中，你认为自己能保持较高的满意感？请举个生活的例子。下一次测引发了？
_____
_____
_____
_____
_____
_____
_____
_____

项目六
汽车客户关系危机管理

 学习目标

知识能力	专业能力	社会能力
1. 掌握沟通的定义 2. 理解沟通的必要性 3. 理解沟通的核心要素 4. 理解什么是无效沟通	1. 能同客户进行有效沟通 2. 能避免同客户的无效沟通 3. 能根据工作任务制订工作计划并实施计划	1. 树立服务意识、规范意识 2. 强化人际沟通的能力，具备维护客户关系的能力 3. 具备维护组织目标实现的大局意识和团队意识

 学习任务

1. 学习沟通的技巧
2. 处理汽车客户关系危机

相关知识点准备

（通过线上线下的学习，巩固相关知识点，回答下列问题）

不定项选择题

阅读案例，回答问题。

一、李嘉被人事副总安排到市场部工作，初来乍到的他在校学的就是汽车技术服务与营销专业，虽然在校也经过了专业训练，但现在来到这家奔驰4S店，一看销售部办理提车业务的顾客都已经排起了长队，同事给他说这样的情况在店里是常态。恰好今天市场部的刘经理安排他对购车的顾客做回访，李嘉有点紧张。在校经常都是和同学老师打交道，包括情景模拟的时候也是同学扮演顾客。现在面对的是真正的顾客，而且都不认识，李嘉心里面没底，不知道第一句话要怎么说，担心客户会不会不理他。

1. 李嘉认为回访很简单，做个表格，发给客户填写完毕或电话问询完了就行。这样的认识对吗？为什么？（   ）

    A. 这是对的。例如李嘉所在的4S店，客户都排队了，能快速完成调查回访的方式就是最好的方式

    B. 这是错的。回访的目的决定了同顾客的沟通必须是全面和彻底的，这样才能获得真实有效的调查结果

2. 有效沟通有什么作用？（   ）

    A. 可以套近乎

    B. 没什么特别的作用，闲聊

    C. 可以加深了解，为达成协议提供条件

3. 李嘉认为如果不是当面谈话，就算不上是沟通。（   ）

    A. 当然是这样，不说话怎么沟通

    B. 不尽然，沟通方式很多，不同的人有不同的沟通组合方式

4. 有效沟通的原则是（   ）。

    A. 可信赖性   B. 一致性   C. 可接受性   D. 明确性

    E. 渠道多样性   F. 持续性连贯性   G. 受众能力差异

5. 李嘉觉得对于陌生客户很难进行语言沟通，因此面对陌生客户时往往手足无措。你有什么建议？（   ）

    A. 直接打招呼，下一步谈什么看情况再说

    B. 对谈话的对象，做足展开话题提前、展开话题、维持话题三个部分的工作

6. 话题的开展可以从哪些方面入手？举例说明（   ）

    A. 可简单透露自己的感受或近况

    B. 从对方身上发掘话题，衣着、外表、首饰等都是题材

    C. 简单适当地说话便可把大家的关系拉近

D. 结合当时环境或流行话题也可发展话题

E. 也可以在倾听中发现话题

7. 沟通不是单方面的行为，除了表达，还要有（   ）。

  A. 聆听   B. 回应   C. 提问   D. 反馈

8. 提问是需要技巧的，除了进行开放型、特定型、引导型问题外，还需要（   ）的问题。

  A. 选择式   B. 二选一   C. 推测型   D. 反问型

  E. 摘要型   F. 装傻型   G. 离题型

二、李嘉在公司市场部已经工作一段时间了，对本部门营销策划、市场管理的工作逐渐顺手，对客户关系管理，因为经常接触客户材料，也感觉对客户关系管理的工作逐渐熟悉起来。

  一天，突然有一位客户直接闯入李嘉所在的办公室，声称要到当地媒体曝光4S店的服务恶劣。经了解，客户抱怨自己的车发动机水温高，来到店里后，客服代表虽然做了工作安排，但已经来到车间两个小时了，也无维修人员进行维修，找了维修部门，称维修技师都在忙，让再等两个小时，这下客户就恼火了。面对突如其来的情况，李嘉再一次紧张起来，他感觉这事情以前从来没有碰到过，不知道要怎么办。

1. 李嘉刚开始认为客户的投诉是非常不好的事情，是家丑，而且不可外扬，认为这样的事情没有什么积极意义可言。这样的认识对吗？为什么？（   ）

  A. 这是对的。糟糕的服务、糟糕的产品才会引来客户的投诉，这样的事情等同于糟糕，糟糕没有什么积极意义可言

  B. 这是错的。投诉带来的既是一个提醒，也是一个机会

2. 客户投诉的原因有哪些？（   ）

  A. 投诉可能是产品或服务方面的质量问题

  B. 投诉可能是客户对产品或服务方面的期望值太高

  C. 投诉可能是企业员工的服务态度或方式有问题

  D. 投诉可能是客户自身的问题

3. 倾听投诉的技巧有哪些？（   ）

  A. 充满感情地倾听客户抱怨

  B. 在客户说完之前，不要打断他的话，让他充分地发泄

  C. 保持眼光接触

  D. 使用身体语言，例如点头

  E. 保持合作态度，不要有抵触心理

  F. 避免指出客户的错误或谴责客户

  G. 诚心听取抱怨，态度真诚、自信，不要畏缩

4. 李嘉说："处理客户投诉的技巧可能有很多，不同的人有不同的技巧，但处理客户投诉的要诀是：先处理感情、后处理事情。"（   ）

A. 对   B. 错

5. 下面哪些是错误的处理客户投诉的方式？（　　）

   A. 只有道歉，没有进一步的行动
   B. 把错误归咎在客户身上
   C. 做出承诺却没有实现
   D. 完全没有反应
   E. 粗鲁无礼
   F. 逃避个人责任
   G. 非语言的排斥
   H. 质问客户

6. 影响处理客户投诉效果的三大因素是（　　）。

   A. 注意接受客户投诉的企业工作人员的沟通语言
   B. 注意接受客户投诉的企业工作人员的表情
   C. 注意接受客户投诉的企业工作人员的动作
   D. 注意接受客户投诉的企业工作人员的反应

7. 处理客户投诉的程序是什么？（　　）

   A. 确立投诉渠道、受理部门和人员
   B. 记录投诉内容并鼓励客户解释投诉问题
   C. 得到事实真相并判定投诉是否成立
   D. 确定责任部门并提供解决办法
   E. 建立商业信誉
   F. 进行投诉总结并反馈

任务 6-1　学习沟通的技巧

日期：_____

小组组别：_____

小组成员：_____

任务下达

李嘉被人事副总安排到市场部工作，每天都要去接待客户，与客户进行交流、沟通；客户遇到问题的时候，要及时加以解决；遇到客户的投诉与抱怨的时候，也要化解与消除不良影响，那么李嘉该如何应对这些局面呢？

任务准备

【引导问题 1】

客户沟通的作用和意义何在？

_____
_____
_____
_____

【引导问题 2】

在与客户沟通的过程中可以采取哪些方式？

_____
_____
_____
_____

【引导问题3】
有效沟通的"7C原则"指什么？

_____、_____、_____、_____、_____、
_____、_____

任务实施

1. 在对相关知识点进行学习巩固的基础上，请你针对下面的情况，设计一个沟通方案并写出话术。

当客户遇到发动机需要点两次火，打电话向客服寻求解决时，服务顾问如何与客户进行有效沟通？

_____
_____
_____
_____
_____
_____
_____

2. 请指出下列对话中存在的问题。

李宇是金星汽车特约维修中心的客户经理，在最近一段时间，他通过电话回访进行客户满意度的调查。今天早上他一到公司，就开始了电话拜访。

"是王刚吗？"
"我是，哪位？"
"我是金星汽车特约维修中心的。"
"有事吗？"
"是这样，我们在做一个客户满意度的调查，想听听您的意见？"
"我现在不太方便。"
"没有关系，用不了您多长时间。"
"我现在还在睡觉，您晚点打过来好吗？"
"我待会也要出去啊，再说这都几点了，您还睡觉啊，这个习惯可不好啊，我得提醒您。"
"我用得着你提醒吗？你两小时后再打过来。"
"您还是现在听我说吧，这对您很重要，要不然您可别怪我。"客户挂断。

问题：_____
_____
_____
_____
_____
_____

3. 假定某个同学是李嘉，另一个同学是客户，李嘉该如何取得客户的信任，达成有效的沟通，完成客户回访调查的工作？其他同学做情景模拟记录。最后，每组由一位同学做情景模拟的总结发言。

情景记录：

客户：_____
_____
_____
_____

李嘉：_____
_____
_____

总结：_____
_____
_____
_____
_____
_____

任务总结

1. 通过对本任务线上线下的学习，用自己的语言总结你在理论和技能上的收获有哪些？

_____
_____
_____

2. 在学习中,你认为自己做得比较好的有哪些?需要改进的有哪些?下一步如何打算?

任务 6-2 处理汽车客户关系危机

日期：_____

小组组别：_____

小组成员：_____

任务下达

一天，突然有一位客户直接闯入李嘉所在的办公室声称要到当地媒体曝光4S店的服务恶劣。经了解，客户抱怨自己的车发动机已经维修过一次了，这已经是第二次，到店后已经两个小时了，不但没有维修人员进行维修，还让再等两个小时，这下客户就恼火了。李嘉再一次紧张起来，他感觉这事情以前从来没有碰到过，不知道要怎么办。如果你是他，你会怎么做呢？

任务准备

【引导问题1】
客户关系危机的实质是什么？

_____

_____

_____

_____

【引导问题2】
客户投诉的原因有哪些？

_____

_____

_____

【引导问题3】

处理客户投诉的技巧有哪些？

_____、_____、_____

任务实施

1. 在对相关知识点进行学习巩固的基础上，你认为该如何处理这个客户的投诉？请将你的处理方式及对话写下来。

_____
_____
_____
_____
_____
_____

2. 以实际例子举例说明客户投诉处理的程序。

例子：_____

处理程序：_____
_____
_____
_____
_____

3. 完成上述学习后，同本组同学讨论，制订工作计划，进行角色分配，并进行情景模拟表演：假定某个同学是李嘉，另一个同学是客户，李嘉该如何对待客户的投诉？并采用什么样的工作流程，完成客户的投诉处理工作？其他同学做情景模拟记录，即课堂记录。最后每组有一位同学做情景模拟的总结发言。

模拟情景（客户—_____ 李嘉—_____）

客户：_____
_____

_____

_____

_____

_____

李嘉：_____

_____

_____

_____

_____

_____

总结：_____

_____

_____

_____

_____

任务总结

1. 通过对本任务线上线下学习，用自己的语言总结你在理论和技能上的收获有哪些？

_____

_____

_____

_____

_____

_____

2. 在学习中,你认为自己做得比较好的有哪些?需要改进的有哪些?下一步如何打算?

_____

_____

_____

_____

_____

_____